青少年正能量提升书系

领导力

你就是未来最卓越的领导者

发掘领导优势，成就非凡人生

当肩上多出一些责任，你选择被压垮还是被潜能激发？
每个人都可以成为领袖，现在，就现在，
向着世界大声喊：我就是最卓越的领导者！

姜 越◎主编

NIJIUSHI WEILAI ZUIZHUOYUE DE LINGDAOZHE

LEADERSHIP

中央编译出版社
Central Compilation & Translation Press

图书在版编目（CIP）数据

领导力：你就是未来最卓越的领导者 / 姜越 主编.—北京：
中央编译出版社，2013.4
（青少年正能量提升书系）

ISBN 978-7-5117-1635-4

Ⅰ.①领…

Ⅱ.①姜…

Ⅲ.①领导学—青年读物②领导学—少年读物

Ⅳ.①C933-49

中国版本图书馆CIP数据核字（2013）第 068885 号

领导力：你就是未来最卓越的领导者

出 版 人：刘明清
出版统筹：谭　洁
责任编辑：邓永标　黄大卫
责任印制：尹　珺
出版发行：中央编译出版社
地　　址：北京西城区车公庄大街乙 5 号鸿儒大厦 B 座（100044）
电　　话：（010）52612345（总编室）　　　（010）52612363（编辑室）
　　　　　（010）66161011（团购部）　　　（010）52612332（网络营销部）
　　　　　（010）66130345（发行部）　　　（010）66509618（读者服务部）
h t t p：www.cctpbook.com
经　　销：全国新华书店
印　　刷：北京柯蓝博泰印务有限公司
开　　本：710毫米×1000毫米　1/16
字　　数：220千字
印　　张：16.75
版　　次：2013年6月第1版第1次印刷
定　　价：33.00元

前 言

通用电气前首席执行官杰克·韦尔奇说："一头狮子带领一群绵羊，可以打败一只绵羊带领的一群狮子。"这句话将领导者在团队中的决定性作用一语道破。由于领导这个职位起着重大的作用，所以合格的领导者必须具有全方面的素质，如团队精神、责任心、领导气质等等……除此之外，领导者还要有很强的思考力、判断力和实践能力。在使用人才方面，领导者一定要慧眼识珠；在管理方面，领导者应该懂得如何提高团队协作能力和工作效率；在战略制定上，要有超前思维……只有这样，整个团队才能在和谐的氛围中逐步走向成功。因此，如果你想成为一名出色的领导者，那么从现在开始就通过不断努力培养自己各方面的素养吧！

其实，纵然一个优秀的领导者需要有多种能力，但其中有一个很重要的因素，那就是人际影响力。无论在何种场合，一个人的行为举止都会对他人产生影响，所以领导者也不例外。他对员工的影响是最大的。在一个团体中，如果领导者能够与追随者达成一致，有着共同的奋斗目标，那么建立一个有机的系统必然不成问题。而一个系统中最为重要的因素包括领导者的个性特征和领导艺术、领导气质及实现的过程……然而，任何要素的变化都会对系统产生影响，同时这些要素能否协调发展关系着系统的正常运转，因此领导者和追随者一定要经常进行互动，以保证系统内部的协调。因此，和谐的系统是领导者成功的标志。

因此，对于领导者来说，用职权管人不是本事，通过人格服人才是本事；颐指气使不是本事，"不令而从"才是本事；用惩罚使人害怕不是本事，凭魅力赢得追随才是本事；自己有本事不是本事，让有本事的人为己所用才是本事。领导是一门学问，是一门艺术，你不能因为自己是"官"就对人吆三喝四，又不能与下属称兄道弟失去威严；你不能玩弄权术，让人觉得你城府很深，又不能心中不藏事什么都往外说；你既不能疑神疑鬼又不能偏听偏信……作为领导者，你必须洞悉人性，把握好尺度和分寸，懂得如何凝聚人心、引导人心。

青少年朋友们，未来你想成为一个领导者吗？那就仔细阅读本书，学习其中的领导之道。本书从团队精神、人格魅力、影响力、责任意识，以及领导的说话艺术、决策艺术等方面，全面系统地介绍了作为一个领导者应该培养的领导素质及应掌握的领导艺术，最后一章中的趣味测试题，可以让你快速了解自己是否可以做领导者与管理者。本书兼具实用性和指导性，为你提供了一份全方位的成长指南。

领导力

你就是未来最卓越的领导者

目 录

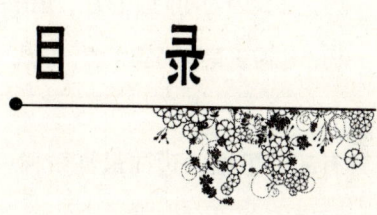

第一章 超凡领导力，你也能拥有

　　毋庸置疑，很多成功者往往都是在自己"地盘儿"担当重任的人，他们或许没有渊博的知识，或许也没有过人的技术，或许……但他们却能傲视群雄，因为他们身上有着为人倾倒和追随的魅力和能力，那就是领导力。所以学习和养成这种能力，对你的各方面都会有很大的帮助。

第二章 创新思维，不一样的领导魅力

　　无数历史事实证明，会思考的人更容易取得成功。然而，如果想拥有独立思考的能力，那么你应该多读书。人类社会的进步离不开会思考的人的努力，正是因为他们的存在，后来的人才能生活更加幸福。一个优秀的领袖人物，也应该有独特的思想，这样才能彰显自己的领袖气质。

第三章 果断决策，不一样的领袖魄力

　　成功的决策每天都在上演，尽管是在不同时间、不同地点、不同领导手里。虽然决策内容不一样、决策环境不一样，但这些决策不是无章可循的，而是有一些固定的程序和章法的。下面就一起欣赏一下领导者的决策艺术。

领导力

你就是未来最卓越的领导者

第四章 团结，在团队合作中彰显领导力

团结就是力量，这种力量在平时似乎感觉不到它的强大，然而越是在危难的时候，越显示出它的不凡。团结的力量足以让灾难为之让步，足以让死神为之动容，大爱无声，却可以感动天地，创造奇迹。下面让我们一起领悟团结合作的精神，永远告别那个个人英雄主义的时代！

第五章　敢于负责，勇于担当

大到一个民族、国家，小到企业、家庭都需要一些能担当重任的人，来号召和团结其他人为一个共同的目标而奋斗，他们就是领导者。而这些承担重任的领导者往往是现实社会中的成功者，他们有独特迷人的魅力，有一呼百应的感召力，还有更加神奇的影响力。

领
导
力

你就是未来最卓越的领导者

第六章　大肚能容，才能领导终生

在这个世界上，我们无法寻找到完美，任何事物都存在着缺陷，每个人都有他闪光的一面，也有他暗淡的一面，只是程度不同而已。因此，我们要以海纳百川的胸怀去接纳别人，努力地改善自己，积极地劳动和创造。可见，智者的欣赏就是在欣赏别人的同时，试着把自己投入到铸就辉煌的熔炉之中，把自卑炼成自信，把委屈升华成振奋，把失意挤压成动力，把不满锻造成奋争，把孤傲挥洒成谦逊，把挫折锤打造成练达……

第七章　会说话，才能会领导

毫无疑问，领导者的语言对维护领导者形象，树立领导者威信有着重要作用。领导者如何用自己的语言来赢得足够的威信是领导语言艺术的一个关键问题。我们都知道，得体的语言对于任何讲话者的形象都非常重要，对于领导而言更是如此。如果能使得语言与领导的其他素质配合得当，就会使领导的形象更加完美，更加令人信服。

第八章　穿越古今，跟着名人学领导

　　纵观古今，无论是帝王将相，还是现代企业的领导人，在用人和管理方面，都有自己独特的一面。豁达大度、仁德之心、朴素节俭等等，这些名人所流露出来的领导气势或者一些领导方法正是值得我们学习的地方，下面就让我们一起穿越古今，领略其中的领导之道。

第九章　自我检测，自己能当领导吗

　　青少年朋友们，你想知道自己是否有领导者的魅力吗?想知道自己今后适不适合做管理方面的工作吗? 想知道自己是否具备团队精神吗? 那么，就一起动起手中的笔，完成下面的测试题目，很快你就能发现你是不是一位卓越的领导者。

第一章

超凡领导力，你也能拥有

毋庸置疑，很多成功者往往都是在自己「地盘儿」担当重任的人，他们或许没有渊博的知识，或许也没有过人的技术，或许……但他们却能傲视群雄，因为他们身上有着为人倾倒和追随的魅力和能力，那就是领导力。所以学习和养成这种能力，对你的各方面都会有很大的帮助。

影响力是如何产生的

影响力是有很多种的，并且手段、效果也不尽相同，从其产生的原因来划分，主要有以下几种：

1. 基于威胁的影响力

从古至今，对人产生很大影响的情绪之一就是恐惧，它会带来连锁反应。在一个团体中，如果感觉到恐惧的人越来越多，那么这个团体必将处于一片恐慌之中，甚至以讹传讹，最终走向失败。例如，非典时期，一点症状就会把人带入万劫不复的恐惧之中。

在恐惧产生的影响力下，部属是否同意命令或了解命令的原因并没有多大关系，领导者所关心的只是部属是否有能力执行命令。当然，如果部属了解也同意命令，强制的压力也许会小一点，但命令的执行却绝不容许改变。

虽然威胁作为领导手段相当吸引领导者，但是它也有个最大的缺点，就是成本太高。采用威胁手段的领导者必须时常盯着下属，以发现不按规定行事的行为，并为了维持下属的恐惧感一定要加以处罚。这样就使得处罚和监督的成本都很昂贵。

此外，恐惧本身也可能导致失效。在长期的恐惧压力下，人们对

领导力

你就是未来最卓越的领导者

恐惧不会再有任何感觉，并有可能在长期的压力下爆发出相反的作用力，这是任何一个领导者都不希望看到的。

2. 基于传统的影响力

纵观古今，另一个对人产生重大影响的因素是传统习惯。传统习惯并不是无意中产生的，它可能是人类恐惧的结果。当人们对恐惧形成内化和制度化的服从之后，就会永久地存在于自己的意识中。同样，人们对领导者的服从也是这个道理。一般来说，下属都会认为服从领导者是天经地义的事情，或许是因为他有独特的魅力，或者是社会习惯的约定俗成。因此，这种习惯养成之后，当领导者做出某种激励决定时，人们就会无条件的服从。另外，领导者的个人魅力对员工产生的服从作用只是很小的一部分，它主要取决于职位本身，所以，"对位不对人"的影响力带有稳定性和可预测性。当领导者换人之后，人们也会服从，但这样也会产生一个缺点：由于对职位的服从，容易使下属盲目接受领导的决定。

3. 基于理智信从的影响力

如果对所有影响事件的次数进行计算，我们就会发现最普遍的影响过程是透过理智服从，表现最为突出的是领导人员和技术人员。在掌握一些基本的证据之后，下属就会对领导者的能力和知识深信不疑，如果领导者做事有自己的原则和道理，那么受到下属的服从和追捧是必然的。所以，这种情况的服从是基于对行动过程的了解和赞同。另外，领导者应当做的是要主动跟下属解释这样做的缘由，这是对下属最基本的尊重。这样做相当于说："我相信在你的知识和能力范围之内能够了解我的行为，我愿意花时间来告诉你是说明我尊重你。"相信这样做会使得上下关系更为融洽。

一般来说，有这种影响力的领导者往往是通过亲和权和专家权来使下属追随自己，而不是通过命令方式使其服从，这样做可以使得下属感觉自己被重视，从而更加尊重领导者。而反过来说，领导者的威信也会大大提高。

如果领导者真正做到了以上提到的各种影响，一定会有好的效果。由于各种突发情况的发生，任何人都不能保证它们会产生好的作用，但这要看领导者是如何行动和把握全局的。因此，影响力所起的好作用并不是仅仅靠权力、传统或者说理智的作用，更多情况下是三者的结合体。所以，要想取得成功，领导者一定要把握好影响力的塑造。

在领导者实施影响的过程中，其结果是否会与其想象的一致还在于具体操作过程中的某些具体因素。追随者的工作动机和努力有赖于：

预计努力会达到领导者所设置的目标的可能性；

预计如果达到目标，领导者会奖赏或减少、取消惩罚的可能性；

预计奖赏能满足需求的可能性；

所满足的需求的重要性。

于是，当所满足的需求非常重要，奖赏成为满足需要的工具，并且通过努力达到目标而得到奖赏的可能性越大，下属就会有越强的工作动机并付出更多的努力。

领导的威望要靠自身提高

领导者之所以能服人，就是因为他们声望高，有影响力、感召

力、说服力，能做到振臂一呼，应者云集。

望文生义，威望其实就是"威"与"望"的合称。"威"指的是一个人在才华、能力、气质、业绩等方面所表现出来的霸气；"望"则指的是一个人由其自身品德、修养、资历、人缘等魅力所聚集起来的人气。

汉武帝刘彻睿智、果敢，他遇到诸侯独霸、权力纷争、制度异化、匈奴侵扰等问题时总能以绝对权威解决，他征匈奴，伐朝鲜，讨西南，开西域，占河套，灭南越，收东瓯，交乌孙，诛大宛，拓宽了疆域，勾勒出了今天中国的基本轮廓。他"罢黜百家，独尊儒术"，对后世产生了极其深远的影响。汉武帝之所以能成为"功越百王"的历史英雄，就是依靠自身足够的威信，才保证了下属忠实、坚决地执行他的命令。

而汉光武帝刘秀则不同，他年轻时是一位老实、憨厚、勤劳的庄稼汉，性情柔和，后来远赴长安，拜中大夫许子威为师。这期间，刘秀非常刻苦，学习了《尚书》等许多优秀的著作，让自己有了渊博的学识和过人的智慧，加上他温和谦虚、机智果断的性格，成了一位极富魅力和感召力的人物。在后来反对王莽、恢复汉室的斗争中，刘秀更是充分发挥了自己敏锐的政治眼光，释放奴婢、刑徒，减免赋税刑法等一系列利民举措，不仅成功瓦解了敌军，壮大了自己的势力，也进一步提高了他的人格魅力，让他深孚众望。公元25年，刘秀在部属的簇拥下足登金殿，成为东汉的开国皇帝。

作为领导者，必须具备一定的威望。威望是领导者实现领导意图、实施有效管理的无形资产和基本素质，是提高领导力的不二法门。然而威望并不是上级能任命的，也不是花钱就能买到的，它必须靠日积月累的努力才能赢得。建立和提高领导威望，领导者需要在以下几个方面不断努力、不断提高：

1. 以德立威

以德为先，德包括道德、品行、作风等，优秀的思想品质和良好的道德情操是领导者受人敬仰的基本条件。领导者要想树立良好的威望，做到"德可以服众，威可以慑顽"，首先必须强化道德修养，陶冶情操，净化心灵，树立正确的价值观、地位观、金钱观，不为名所累，不为权所缚，不为利所驱，不为欲所惑，做到严于律己、宽以待人，吃苦在前、享受在后，这样才能达到"不言而信，不怒而威"的境界。

2. 以廉生威

"公生明，廉生威"，自古以来就是只有廉洁奉公、两袖清风的官才能受到人民群众的拥戴。"己身不正，何以正人？"领导者要常修为官之德，常思贪欲之害，常怀律己之心，常弃非分之想，常省己身之过；要耐得住寂寞，抗得住诱惑，正确行使手中的权力，做到堂堂正正、光明正大。

3. 以才增威

作为一个领导者，知识的多少、能力的强弱对其威望的高低也有直接的影响。一个不学无术、说话破绽百出、遇事束手无策的领导者，自身品德再好，也不过是一个老好人，而无法成为一个优秀的领导者。因此，领导者要不断学习业务技术，努力优化自身的知识结构和能力结构，增强自己的才干，才可增加威望。

4. 以绩树威

骄人的业绩是领导者树立良好威望的又一杀手锏。领导者所具有的渊博的业务知识、丰富的管理经验、高超的工作能力等，最终都必须通过业绩才能得以检验。如果领导者能带领下属干出实实在在的业绩来，肯定会赢得下属的拥护和信赖，从而提高自己威望的

含金量。

5. 以勤补威

勤就是要身先士卒、率先垂范，就是要在工作上尽职尽责、兢兢业业。勤奋是成功之本，实干是成事之基。无数的事实说明，空谈误国，实干兴邦，坐而论道不行，纸上谈兵也不行。身教重于言传，只有苦干实干再加巧干，才能让下属争先恐后地追随。应注意的是，领导者不是大事小事都抓，而是要做到三勤：一是脑勤——多思考、多谋划；二是嘴勤——多了解、多请教；三是手勤——多做事、多干事。

6. 以诚取威

诚就是诚实与守信。诚实就是实话实说，不欺瞒，不假打；守信就是说到做到，不失言，不爽约。人无诚信不立，家无诚信不和，业无诚信不兴，国无诚信不宁。领导者要提高自己的公信力，就要做到为人厚道、做事诚信、表里如一，工作要胸怀坦荡，承诺要一诺千金，唯有如此，领导者才能在下属心中树立较高的威望。

7. 以公助威

领导者做事要公开、公平、公正、公道。领导者能公道处事，就能聚人、聚心、聚财、聚威；反之就会导致离心、消极、涣散、丧威。因此，领导者对待下属务必要一视同仁，不能厚此薄彼，不能分亲疏、拉帮派，要将一碗水端平，坚持公平公正，按制度、按程序办事。

8. 以和养威

领导者在管理中要平易近人，不能用官压人，不摆架子，要与下属在平等的基础上谈心、交流。如果领导者装腔作势，高高在上，下属就会敬而远之，领导者就没有办法与下属进行思想感情方面的沟通。即使是批评下属，也要对事不对人，把握分寸，不要伤害下属的自尊心。

只有做到这些，才能使得整个团队琴瑟调和，上下和衷共济，领导者才能赢得下属的尊敬和爱戴。

9. 以情育威

无数的管理经验都证明了这样一件事：不讲原则就没有战斗力，不讲感情就没有凝聚力。领导者威望的建立过程其实就是一个情感沟通的过程，除了要做好以上几点之外，领导者还要有情有义，要体现出浓郁的人情味，对下属要多沟通、多交流、多关心、多支持，多作换位思考，设身处地地为下属着想，及时解决下属在生活和工作中的实际困难，使他们由衷地对领导产生亲近之情，继而与领导成为工作上相互支持的同事，生活上亲密无间的挚友。

总之，一个人威望的提高靠任何外力都没有用，只有自己才能提高。因此，领导者要想有威望，就必须靠自己的努力，用自己的行动去树立。

领导的自然法则

任何学科的有规律的模式，总是体现出该领域的"自然法则"。自然法则描述了在宇宙中的"天意"与秩序，领导的自然法则也是如此。

一些随机性和不确定性的事件能够将一个人的领导力展现得淋漓

尽致。所以在碰到这些事情的时候，领导者一定要通过观察、分析和研究，找到解决问题的正确方针，只有这样，才能把握更多的机会，创造更好的条件来在有限的空间中促进无限的发展。所以领导者一定要通过自己的努力来提高各部门的工作效率和工作质量。如果有一些局部问题发生，领导者一定要及时了解情况，在解决问题的基础上可能要改变策略，只有这样，才能使整个工作团队立于不败之地。

1. 领导者要有心甘情愿的追随者

成为一个领导者意味着什么？领导能力的第一项法则就回答了这个本质性的问题，即一个领导者要有心甘情愿的追随者。如果没有取得别人的支持，领导者也不复存在。

无论如何，领导者一定要有自己的"铁杆儿粉丝"，否则就不能称为领导者。一般来说，当一个团体取得好的成绩受到表彰时，受奖励的是领导者，而那些为工作辛勤劳动、默默付出的员工不被提及。这会让人感觉心理不是特别舒服。但是我们应该从另一个角度来考虑问题，领导者的决策是非常重要的，只有决策正确了，员工的努力才不会白费，所以对领导的褒奖就是对员工最好的奖赏，因为大家都知道一个领导者背后是一个团体。

认识到追随者是必需的合作者，对于解释领导行为的复杂性是极其重要的。

1993年，史蒂夫·罗斯兼并了出版和电影制片公司，创立了泰姆沃纳公司，这间公司的领导者有两个——杰拉尔德·利文和尼古拉斯。他们都非常努力。但是在罗斯和董事会的支持下，利文占了优势。虽然与利文相比，尼古拉斯也是一个非常优秀的人才，聪明、勤劳，但是他无法通过自己的努力使公司内部的上层领导达成一致的意见，得不到关键人的支持，所以最终处于下风位置。可见，成为领导者的基本要求就是取得与保持追随者。

取得追随者，是注意力最应该集中的地方。当你选定某项特殊的任务时。第一步就得问自己："我需要做什么才能使他们和我保持一致"或"谁的支持是必要的"，然后集中心思去取得这些人的支持。

2. 领导能力随着事件的发生而产生

一般情况下，人们认为只有有领导力的人才可能成为大人物，而那些大人物一定有独特的领导力。在日常生活中，我们经常会听到有人说"天生的领导人"这样的词语，而且也不会对其提出疑问，可见人们普遍认为领导力具有永久性。然而这种说法是非常片面的，因为领导力是随着领导者与追随者的活动范围的出现而存在的，这种联合是暂时的和随时变化的，不会一成不变。

任何一个为实现他的领导愿望而为之斗争的人，都知道这是一个多么微妙的问题。人们可能对领导者所走过的特殊道路不感兴趣。

随着社会的不断变化，企业和个人也会做出相应的决策改变。例如，在20世纪90年代的早期，通用汽车公司的董事会免去了罗伯特·斯坦佩尔的职务，因为在他们看来，罗伯特·斯坦佩尔是无法领导企业走上正确发展之路的；在1992年，出于对变革的考虑，乔治·布什落选……这些事件一再提醒领导人：如果想有发展前途，一定要赢得追随者的信任，而且还要通过持续不断的努力来反复取得他们的信任。正因为比尔·克林顿通过不断的斗争，让美国人民看到希望，并且赢得了选民的支持，最终在1992年被选为美国总统。

通过这些事情，我们可以得出一个结论：领导能力不是凭空出现的，它是随着事件发生而产生的。当然，任何事情的发生都有其产生、发展和结束的过程，领导者与追随者也不例外。随着情况的不断改变，这些情况也会不断发生，但有一个因素是必备的：领导者和追随者同时

参加。

如果一个人经常作为领导者处理领导事件，他的领导能力也会逐步增强。同时，一个领导者之所以能够不断成功，是因为有追随者一直在支持他。如玛格丽特·撒切尔在其任英国首相的12年执政期间，正因为有一批心甘情愿追随者，她才得以成为政坛上的"铁娘子"；当约翰·梅杰赢得了大多数的支持者后，撒切尔的领导者生涯结束。所以，领导者和追随者的关系并不是一成不变的，它会随着事态的不断发展而产生变化。

领导能力这一概念说明，如果为数众多的领导者在不同的情形下都有一批追随者，那么领导能力就产生了，就遍及整个组织。小组会议中，当某人提出了其他人愿意接受的方针时，或者当某人激发整个组织或社区去支持某一特定的方针时，领导事件就发生了。当人们取得公司和政府机构不同层面的上上下下的追随者的支持时，随着领导能力在不连续的事件中产生，这个组织机构就充满了活力。

3. 领导者不是依仗职权施加影响的

无论是领导者还是经理，都是通过影响来得到追随者，然后完成事情，取得成功，但是二者的影响源头是完全不同的。

有的人认为最大的领导者可以决定谁来当下一级的领导者。其实这种想法存在很大的片面性，因为管理方面的影响和领导能力的影响是相当不同的。作为领导者，其影响产生于追随者与领导者之间的相互作用，而经理的影响来自等级制度下的经理职位。所以，从这个方面来说，领导力是人与人之间的影响，而管理是职位与职位之间的影响。除此之外，领导力的影响可以把所有相关的人员囊括进来，而管理职位则是有严格规定的，无关人员是无法涉入其中的。与此同时，在被信任的基础上，领导者对追随者产生作用，而经理与下级的联系是依靠行政命令。所以，领导者一般是通过激励别人来使他人与自己保持一致，而经理是依靠命令来让他人完成公司规定的任务。

所以，领导者对他人发生影响并不是通过职位，而是通过自己承担的有关组织机构中的中心使命的任务。所以，他可以通过获得关键信息网络的通道来得到他人的认同。另外，领导者也会通过发挥自己的专长，参加培训和正规的教育项目，从而支持其他人的工作项目来取得别人的支持。在这个过程中，周围的人都会被领导者的能力所吸引和影响。

4. 信息的处理能力产生领导能力

领导能力从一个能解决问题与利用机会的想法开始。当领导者完成行动并影响了追随者，从而使追随者接受领导者的方针时，他／她就得到了追随者。意识——信息处理能力，是领导能力根本的源泉。而领导能力，如同舞蹈一般，在意识的舞台上展开了。

所谓意识就是人们解释信息所想的方法并根据信息产生意图。在意识的作用下，领导者可以制定出领导方针。如果领导者的决策受到了他人的支持，就会有一定的追随者，所以，领导者是处理信息和做出决策的关键。

曾经是美国零售大户的西尔斯公司已经落到了华尔街商业中心的后面。为什么会有这样的情况发生呢？原来由于西尔斯公司的经理们没有意识到从环境中反馈出来的信号导致他们没有及时做出正确的决策，所以错失良机，没有得到很好发展，最终在激烈的市场竞争中失去了优势。

当领导者不能改变他的追随者的意识并取得他们对领导者方针的信任时，领导者也是要失败的。领导者的能力不依仗职权的影响，而是在意识层产生的。20世纪90年代早期，约翰·艾克斯被罢免了IBM公司

的总经理职务，因为他不能够使他人相信，解决大而全的问题的办法就是将它分解成几个小的部分。IBM公司的董事会根本不支持他，在艾克斯被取代之后，那个"解体计划"也就很快付诸东流了。艾克斯不能说服董事会，使他们认同他的思路，于是他们就把他撂到一边了。

如果从更高层面上来说，领导者不是去形成对追随者的意识，就是去反映追随者的意识。所以当我们看到一个领导者是自己亲自驾车的时候，他一定也是在用自己的头脑指引着自己的组织前进。然而，那些有追随者的领导者往往有着与其追随者相同的意识。所以，在适应追随者的意识水平之后，领导者一定要通过努力超越他们，只有这样才能起到领导作用。

另外，追随者可以对领导者的意识起到塑造作用，让领导者找准方向。这样，他们就可以共同努力，朝着共同的目标前进。虽然，人们喜欢跟着领导的步伐走，认为领导者是自己的发展方向，但领导者只有迎合了他们的需要，才可能被追随，因此，只有在一定的范围之内，领导者才是有追随者的人。可见，二者的关系是处于不断变化中的。

5. 领导能力伴随着风险和不确定性

当然，作为领导者不应该过度地考虑自己的生存和安全问题。当领导者不了解自己所处地位的情况时，其领导力必然会受到各种模糊因素的阻碍，而此时的任务也必然受到影响，可见，领导者的任务总是伴随着风险和不确定性。所以，领导者一定要适应这种情况的发生，做到随机应变。

6. 领导行为是一种自我安排过程

一个从事食品批发的销售经理提出了一系列为顾客服务和努力发展销售组织的建议，以改变她的工作班子的落后面貌，提高效率。工作班子的成员们是这样评价的："这对我们来说，没有任何价值""这类问题在别处也存在""她不懂得该做些什么事情。"可见，这个经理还没有建立起与追随者意识上的联系，然而这种与追随者的意识上的联系，对于她去影响他们并使他们追随于她，是十分必要的。

"自我安排"的概念对理解和实践领导能力是至关重要的。大多数领导模式试图以解释客观的决定因素去描绘领导者的能力，它们认为，领导能力是一种独立于领导者和追随者主观观点的实体存在。自我安排则表明，领导能力存在于内部，存在于领导者与追随者的意识中。

自我安排表明了发展领导能力的最重要的条件。领导者不得不深化他们的意识，因此，他们要在更加团结一致和更有启示性的状况下运作。领导者必须摆脱那些受限制和有害的观念。意识的深化能使领导者从自以为是转向以自己的眼光来认识世界。

领导者道德修炼的"四自箴言"

古人说："法能杀不孝者，而不能使人为孔子之行；法能刑窃盗者，而不能使人为伯夷之廉。"这就是说，仅以法律规章的外部约束，还不能使人成为最优秀者，必须加强自身的"内功"修养，管住自己，提升自己，才能追求道德人格的完美。管住自己，说起来容易做起来难。大凡领导都有一定的权力，在一定范围内"说了算"，外部力量的约束往往缺乏力度，稍一放纵，自己的生命之舟就易陷入泥潭。因此，领导要把握住对与错、是与非、荣与辱、义与利、得与失的界限，常存慎独之心，时常戒备和警醒自己，淡泊以明志，宁静以致远，使自己达到方圆有度的要求。

邹韬奋说过："自觉心是进步之母，自贱心是堕落之源。故自觉心不可无，自贱心不可有。"人格形象的好坏，在很大程度上取决于自身道德修养的自觉性。因此要想在道德上日有所进，须做到自重、自省、自警和自励。

1. 自重

所谓尊重就是自我尊重，自我珍重。而自重是包括内在和外在表现的。自重意识的内在表现就是相信自己、通过自重的意识来约束自己的行为，尊重别人，尊重朋友，尊重同志。而自重意识的外在表现就是在生活中，无论做什么事情都要注意自己的身份，注意自己的言行、考虑自己对他人产生的影响。千万不要放纵自己。概括来说，自重就是尊重自己和他人。在人际关系中，虽然每个人有着不同的职位，而且职位也有高低之分，但是人格是平等的，所以真正成功的领导者必定是能够做到尊重他人，同时又做到自重的人。

2. 自省

即自我省悟，自我检查，自我解剖。自省是一面镜子，可以照出自身的缺陷和毛病。自省的过程，又是不断克服错误、更新提高自我的过程。"白日所为，夜来省己，是恶当惊，是善当喜。""每事责己，则己德日进。以之处人，无往而不顺。"孔子"一日一省吾身"，一代明君李世民曾有"以铜为镜，可以明得失"的自省经验。每个领导都应当经常结合自己的思想、工作和生活的实际，经常反省自己的言行是否符合社会整体利益和广大员工或群众的要求，有自知之明，勇于自我解剖，敢于揭露和承认自己的短处，逐步锤炼出自己完美的人格。

通过这种道德要求，领导者逐步完成从自发到自觉、从外表到内心、从被动到主动、从他律到自律从而使自己的道德修养提高到一个新境界。

3. 自警

即自我警惕，自我戒备，对可能发生的事变和危险有敏锐的察觉，即人们常说的"警钟长鸣"。领导都居于一定的地位，掌握一定的权力，容易听到赞歌，得到实惠，容易养尊处优。在这种情况下，如果糊里糊涂，自我陶醉，而不是自我警戒，就会毁在自己手里。尤其是年轻的领导，更应该注意这一点。一个优秀而成熟的领导，在工作有成绩，屡受表扬时要自警；个人成长进步比较顺利时也要自警；特别是在无人监督时，更要自警。

4. 自励

即自我勉励，自我激励。领导的成长进步是一个不断扬弃的过程，需要不断给自己提出新的目标，激励自己不断探索，不断追求。时代不断发展，领导要站在时代发展的前列，不断赋予自身人格与时俱进的新内容。同时还要看到，企业或组织的发展不可能总是一帆风顺的，难免遇到不同程度的困厄，在这种情况下，领导者要勇敢地面对现实，在困难中磨炼坚强的性格和顽强的毅力，并升华宏大的志向，排除一切阻碍，始终引领组织不断前行。

"自重"、"自省"、"自警"和"自励"四位一体，都是对领导者完美道德人格的要求。自重是维护人格的尊严，自省是保持人格的纯正，自警是防止人格的下滑，自励是激发人格的升华。作为领导只有注意学习，加强修养，成为"四自"的模范，才能有效地树立起自身的人格形象，把握住时代的脉搏，成为时代的弄潮儿。

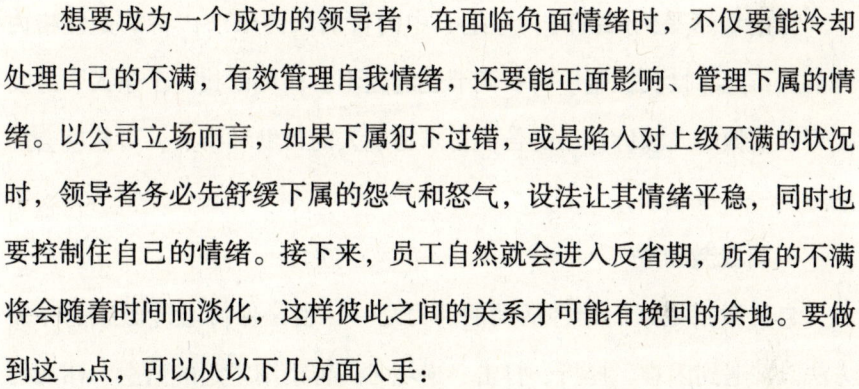

负面情绪控制术

想要成为一个成功的领导者，在面临负面情绪时，不仅要能冷却处理自己的不满，有效管理自我情绪，还要能正面影响、管理下属的情绪。以公司立场而言，如果下属犯下过错，或是陷入对上级不满的状况时，领导者务必先舒缓下属的怨气和怒气，设法让其情绪平稳，同时也要控制住自己的情绪。接下来，员工自然就会进入反省期，所有的不满将会随着时间而淡化，这样彼此之间的关系才可能有挽回的余地。要做到这一点，可以从以下几方面入手：

1. 能量排泄法

对不良情绪所产生的能量可用各种办法加以调整。例如，当生气和愤怒时，可以到空旷的地方去大喊几声，或者去参加一些重体力劳动；也可以进行比较剧烈的体育活动，跑两圈，扔几个铅球，把心理的能量变为体力上的能量释放出去。在过度痛苦和悲伤时，哭也不失为一种排解不良情绪的有效办法。

2. 语言暗示法

当不良情绪要爆发或感到心中十分压抑的时候，可以通过语言的暗示作用，来调整和放松心理上的紧张，使不良情绪得到缓解。当你将

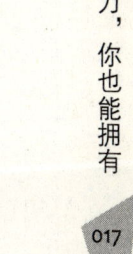

要发怒的时候，可以用语言来暗示自己：别做蠢事，发怒是无能的表现；发怒伤自己，又伤别人，还于事无补。这样的自我提醒，就会使心情平静一些。

3. 环境调节法

大自然的景色，能扩大胸怀，愉悦身心，陶冶情操。到大自然中去走一走，对于调节人的心理活动有很好的效果，千万不要一个人关在屋子里生闷气。长期处于紧张工作状态的人，定期到大自然中去放松一下，对于保持身体健康，调节身心紧张大有益处。

4. 请人疏导法

人的情绪受到压抑时，应把心中的苦恼倾诉出来，特别是性格内向的人，光靠自我控制、自我调节还远远不够；可以找一个亲人、好友或可以信赖的人倾诉自己的苦恼，求得别人的帮助和指点，可能就会豁然开朗、茅塞顿开。

5. 自我激励法

自我激励是人们精神活动的动力之一，也是保持心理健康的一种方法。在遇到困难、挫折、打击、逆境时，善于用坚定的信念、伟人的言行、生活中的榜样、生活的哲理来安慰自己，使自己产生同痛苦作斗争的勇气和力量。

6. 创造欢乐法

当一个人心情不好、非常苦闷的时候，他看到所有的东西都是灰暗的，即使是有令人高兴的事情发生，他也快乐不起来。此时，周围的人如果想要帮助他，最好的办法就是让他笑，这样就可以抛掉所有的烦恼。笑的作用非常多，它不仅能去掉烦恼，而且可以调解精神，促进身体健康。

7. 改变事情定义

在日常生活中，很多事情的发生是我们无法阻止的，但是我们可

领导力

你就是未来最卓越的领导者

以改变它带给人们的影响。当面对问题的时候，你既可以把它看做是困难，也可以从另一个角度把它看做机会，只要你愿意努力，就可以化困难为机会，最终获得意想不到的收获。而这个结果是由你自己考虑事情的思维决定的。

8. 改变人物画面

通过研究发现，人的头脑容易将数字和文字忘记，但是对发生的画面记忆深刻。很多人之所以不快乐，是因为他们的头脑中残留着很多令人不高兴的画面。如何改造这种画面，使其为我们带来快乐呢？那就要通过想象，把很多令人讨厌的人想成是动物，就像我们看到的卡通图一样，这样可以缓解情绪。

学习领导的批评方法

下属在现实生活和工作中出现错误是不可避免的，对待下属出现的错误，领导者要及时批评，并加以纠正。领导者在批评下属时，一定要讲究方法，不仅要让下属知道错了，而且还要让下属在批评中受到启示和鼓励，从而及时纠正错误，积极完成本职工作。

1. 希望式批评

一个人有缺点错误，其内心常常是痛苦的，领导者应该关心他们，动之以情，晓之以理，循循善诱，切忌简单说教，粗暴训斥，讽刺挖苦，否则就会使下属感到自己一无是处，前途渺茫，同时还会使下属产生逆反心理。

2. 开脱式批评

"这次任务中，你出现了一些错误，但这也不能全怪你，一方面我们在安排工作时有些失误，另一方面你对这项业务不太熟悉。下次，我们共同注意这些问题，相信可以顺利完成工作任务。"在下属遇到困难，受到挫折时，领导者这样的一番开脱式批评，既保护了下属的自尊心，又促使他在以后的工作中更加细心，少出差错。

3. 商量式批评

"这次你基本上完成了任务，可我觉得你的潜力尚未完全开发出来，你完全有能力把工作做得更好，比如工作中的某个环节还有些纰漏，某个过程还没有达到目标，如果稍加注意，你的任务会完成得更好。"如此商量的口气让下属感到上司对自己的尊重和理解，下属会自觉地发挥自己最大的潜力，把工作做得更好。

4. 宽容式批评

俗话说："金无足赤，人无完人。"一个人在成长过程中难免会有些缺点和错误。因此领导者要有宽大的胸怀，能容下属之错。如果对待下属，今天批评他们这个缺点，明天指责他们那个错误，就会使下属感到无所适从，产生自卑心理，工作中就会更加被动，更易出现差错。领导者对下属所犯错误的宽容，并不是无原则的。一般来说，下属会理解上司的这番良苦用心，会尽力改正错误。

5. 冷处理式批评

针对那些做错了事还自以为是的下属，领导者就应该给他们一个转变认识的过程。如果仅仅从良好的主观愿望出发，急于对其批评，有时会令其难以接受。因此领导者应该从侧面加以引导，帮助其提高辨别

能力和知识水平，并给其充分的时间进行冷静思考，待到时机成熟，再点到为止，效果必然要好得多。

6. 分类式批评

俗话说，人上一百，形形色色。不同的下属有不同的性格，领导者对其批评也要因人而异，切不可千篇一律。外向型性格的人倔强、急躁、任性、容易激动、情绪不稳，常常一吐为快。对这类下属批评要以柔克刚，交谈时可先让他们把心里话说完，待其情绪宣泄之后，再讲清道理，否则不合时宜的批评，效果不好，达不到目的。而内向型性格的人，对事物的反应速度较慢，思想不轻易暴露，闭锁性大，有时又特别敏感。对这类下属要有耐心，不能操之过急，最好不要在公开场合批评他们，要选择适当的时候，再个别交谈，重在开导，让其自己去想通。

7. 表扬式批评

有的下属由于一时疏忽，或感情用事，在工作中出现了差错，但事后自己认识到了问题，并流露出内疚的心情，这时领导者如果还是批评不止，就会伤害下属的自尊心。理智的做法应是以谈心的方式表扬其对缺点错误的认识，同时帮助其分析失误的原因，总结教训。

8. 激将式批评

每个人都有自尊心，特别是有了缺点、犯了错误的下属，其自尊心更强。领导者在批评时就要讲究艺术，要从保护下属自尊心，促使其尽快改正错误的角度出发，以激将式的批评，催其奋进。"这次工作中，你比其他人稍微落后了一点，我知道你是个不服输的人，你定会不甘落后的"。如此的话语，既艺术性地批评了下属，又激起下属克服缺点勇往直前的信心和勇气。

9. 启发式批评

有的下属犯了错误还不知道错在哪里，有的甚至认为是上司故意在给自己找岔子，对上司的批评非常抵触。对此，领导者就要弄清下属缺点错误的来龙去脉，对其缺点错误进行准确分析，在批评时，做到恰到好处，让下属知道为什么错了，错在哪里，做到心服口服。

10. 安慰式批评

当下属出现了错误时，不批评就会使其在错误的道路上越走越远，同时还会对其他同事产生消极作用。但领导者批评之后，切不可一说了之，应及时对下属予以安慰，让其为所犯错误感到羞愧，同时更为领导者的善意而感到温暖。

恰到好处地运用身体语言

领导者在与员工沟通的过程中，除了用有声语言外，还可以充分利用身体语言。凡是通过手势、姿态、眼色和面部表情来进行信息传递、思想沟通、感情交流的活动，都是身体语言。身体语言虽然并不是由口腔发出声音的语言，但是在沟通过程中却可以起到极大的辅助作用。领导者要实施自己的管理行为，准确有效地表达自己的意向和感情，就必然运用身体语言。这里我们着重介绍面部和手部的身体语言。

1. 微笑

据统计，微笑是所有的交际语言中最有感染力的身体语言，是放

之四海而皆准的人际交往语。领导者在交往中要学会笑，笑暖人心，又能体谅人心，给人以幸福感、自由感。

往往一个微笑就能令人如沐春风，放松神经，表达出你的善意、愉悦，缩短与员工之间的距离。因此有人说微笑是最廉价的宝物，它常常会让人有意外的收获。微笑就像一种情绪的调和剂，更是沟通过程中的一种润滑剂。但是领导者在运用微笑传情达意的时候，要注意做到以下几点：

（1）笑得真诚

微笑既是自己愉快心情的外露，也是纯真之情的奉送。真诚的微笑让对方内心产生温暖，有时候还可能引起对方的共鸣，使之陶醉在欢乐之中，加深双方的友情。

（2）笑得自然

微笑是发自内心的，是美好心灵的外现。要笑得自然，笑得亲切，笑得美好、得体。要注意不能为笑而笑，没笑装笑。

（3）笑的对象要合适

对不同的沟通对象，应使用不同含义的微笑，传达不同的感情。不然，难免会有适得其反的情况出现。

（4）笑的程度要合适

向对方微笑体现了一种礼节和尊重。然而，在笑的时候一定要适度，如果没有节制，不顾自己的形象，就会引起对方的反感，形成不好的印象。

（5）要笑在合适的场合

另外，笑的时候一定要分清场合。否则就会产生不堪设想的后果。例如，当你去一个非常庄重、严肃场合的时候，一定不要随意而笑；当别人告诉你一个不幸的消息，希望得到你的安慰时，一定要把笑藏起来。

2. 巧用手势

在与下属沟通时，领导者除了要有自然流利的口才外，还要有与之相配合的体态和手势。手势的妙用在沟通中具有独特的作用，手势的运用是否恰当，会直接或间接地给语言以不同的影响。恰到好处的手势会让你的语言更具有说服力，也会使你的个人形象更具魅力。

经验表明，手势的运用也要恰到好处才能发挥作用。一般而言，手势必须是内在情感的自然表露，而不应是生硬的做作。做手势是为了帮助表情达意，如果达不到这个目的，就是画蛇添足、毫无意义。有的领导者认为有手势比没有手势好，手势多比手势少好。何况手势还可以掩饰自己紧张的情绪。这其实是一种误解，令人眼花缭乱的手势只能显露出自己的慌乱和无礼，毫无意义。

一些人认为："为了强调某个重要的观点，手势能缩短你和听众之间的距离。"领导者说话时采用的手势应与谈话的主题相适应，打手势也要注意空间的大小。而且，领导者应该明确对方手势的含意：手指敲桌子可以表示谢谢；平掌摇动通常表示不同意；双手搓动可表示高兴或着急。

领导者亦可以在谈话中借助手势加强语意。不过打手势时切忌幅度过大，过于夸张。

关于手摆放的位置，一些专家还特意设计了不同的方案，不过在运用时，不能太拘泥，只要自然得体就可以了。但是切忌把手插到衣袋里，显得对人不尊重，而自己也好像"被捆住了一样"。以下是几种常见的手势，供参考：

（1）仰手式。

即掌心向上，拇指张开，其余几指微曲。手部抬高表示欢欣赞

美、申请祈求；手部放平表示诚恳地征求下属的意见，取得支持。

（2）推手式。

即指尖向上、并拢，掌心向外推出。这种手势常表示排除众议，显示坚决和力量。

（3）覆手式。

即掌心向下，手指状态同上，这是审慎的提醒手势，能抑制听众的情绪，进而达到控制场面的目的，也可表示否认、反对等。

（4）包手式。

即五个手指尖接触，指尖向上，就像一个收紧了开口的钱包。这种手势一般是强调主题和重要观点，在遇到具有探讨性的问题时使用。

（5）切手式。

即手掌挺直全部展开，手指并拢，像一把斧子飕飕地劈下，表示果断、坚决、快刀斩乱麻等。

（6）啄手式。

即手指并拢呈簸箕形，指尖向着听众。这种手势具有强烈的针对性、指示性，但也容易形成挑衅性、威胁性，一般不要过多使用。

（7）伸指式。

即指头向上，单伸食指表示专门指某人、某事、某意，或引起听众注意；单伸拇指表示自豪或称赞；数指并伸表示数量、对比等。

（8）握拳式。

即五指收拢，紧握拳头。这种手势有时表示示威、报复；有时表示激动的感情、坚决的态度、必定要实现的愿望。

（9）抚身式。

即用手抚摸自己身体的一部分。双手自抚表示深思谦逊、诚恳；以手抚胸表示反躬自问；以手抚头，表示懊恼、回忆等。

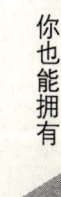

另外，手臂的动作也可以是一种语言暗示。手臂交叉表防御；手臂交叉握拳表敌对；手臂交叉放掌表示有点紧张并在努力控制情绪；一只手握另一只手上臂，另外一只手下垂表示缺乏自信，等等。作为卓越的领导者一定要从各个方面加强对自己的训练，如此才能最大限度的成功。

学习领导的用人艺术

人才的重要地位和作用，在一切团队管理中都是举足轻重的，善于用人是领导者必备的素质之一。团队要想在竞争中获胜，就要有大批真才实学的人才。而要想群贤毕至，就需要领导者在选任人才时不要有固定不变的模式，敢于打破文凭、资历、年龄这些条条框框，任人唯才，唯才是用，只要有才就应为我所用。

1. 不计年龄

据统计，人的一生中25～45岁之间是创造力最旺盛的黄金时期，被称为创造年龄区。如果领导者不敢重用年轻人才，既耽误年轻人才的前程，也会不利于自己的事业。当然，用人不计较年龄并不是说"唯小是举"，还是要唯才是举，只要有才，都可为我所用。

领导者用人千万不能以年龄为标准一刀切，假如你制定一个53岁就不能再提拔的政策，那么50岁出头的人工作态度肯定要大打折扣。"年

龄是个宝，能力作参考"就是讽刺用人唯年轻化的现实，领导者不能不引以为戒。

2. 不拘小节

领导者用人用的是才，只要这个人能帮你做好事情，就不应该求全责备。人才的那些高傲、偏执、好强的性格缺点以及邋遢、懒散等行为习惯完全可以忽略不计，至于那些嗜酒、好色、贪财的毛病，也应该予以宽容，但要注意将其控制在一定的范围内，不至于酿出大祸。

著名将领吴起在离开鲁国后，听说魏文侯很贤明，就想去投奔他。魏文侯问大臣李克："吴起这个人为人怎么样？"李克说："吴起贪心而好色，但是他用兵的能力连司马穰苴也不能超过他。"于是魏文侯就任命吴起为将军，率军攻打秦国，果然，他骁勇无比，连克五座城池。

但凡优秀的领导者都懂得人无完人的道理，在识人用人的时候不拘小节，看重才干。如果要想发展，则必须依靠有才干的人来冲锋陷阵。

3. 综合评估，选定方案

这个阶段就是领导决断的过程，是决策程序中承上启下的最关键的一个阶段。"断"得如何，既决定了前面"谋"的意义，也决定了后面执行工作的命运。

对多种决策方案进行评审，找到最优方案。评审决策方案首先要根据决策目标，制定一组评审的标准或指标体系，这类标准或指标体系要能充分反映决策目标的全部价值。指标体系可按技术指标、经济指标、财务指标、生态效益指标、社会效益指标等进行综合确定。对决策方案进行评审时，要始终围绕决策目标，对方案进行多方面多层次的评价和论证，考虑决策方案是否实现了决策目标、是否切实可行、是否在整体上最优、是否效益最大代价最小、是否与相关系统协调配合，以及分析方案的风险程度如何，利弊关系如何等等。

总之，对各方面都要进行系统的综合的权衡比较，以便从各种方案中选出一个整体上最优的方案，或把不同方案综合成一个最优的可行方案。

在长期的实践中，不少组织形成了良好的决策标准，如有的单位对重大问题的决策实行"三不原则"：即不调查研究不决策；不经过咨询论证不决策；没有两个以上的方案比较不决策。实践证明，这是防止盲目决策、草率决策的有效原则。在决策的这个程序中，决策中心系统处于绝对的中心地位，智囊系统、决策监督系统、辅助系统只处于辅助地位。

4. 实施方案，进行反馈追踪

决策方案经过优选决定、模拟实验及其必要的修正完善后，即进入决策方案的实施阶段。一般来说，实施决策方案，并不等于决策思维的终止。由于现实决策系统的复杂性，在实施决策方案的过程中，可能会出现某些与决策目标有不同程度的偏离甚至完全偏离的情况。这就要求人们在实施决策过程中，不断追踪检查，及时作出必要的反馈调节修正，尤其是当原有决策方案的实施已经不能适应变化了的主客观情况，原有决策的总目标已明显地无法实现时，就要对决策目标或方案进行一种根本的修正或更换，这就是追踪决策。有效地进行反馈、追踪，这是科学决策的一个关键。

总之，决策活动是一项复杂的系统工程，要求领导者必须从系统的思想、观点、原则出发，运用系统的方法，按照科学的程序，来进行成功的决策。

第二章

创新思维，不一样的领导魅力

无数历史事实证明，会思考的人更容易取得成功。然而，如果想拥有独立思考的能力，那么你应该多读书。人类社会的进步离不开会思考的人的努力，正是因为他们的存在，后来的人才能生活更加幸福。一个优秀的领袖人物，也应该有独特的思想，这样才能彰显自己的领袖气质。

具有超前思维，迈向最高阶梯

古人经常说"凡事预则立，不预则废"。这句话的意思就是"不论做什么事情，只有事先有准备才能取得成功，否则就会失败"。然而，事先有准备需要有预见，而成功的必备因素就是正确的预见。而预见就是超前思维的体现，也可以说是超前意识。那什么才算超前思维呢？它是运用一种高智能的眼光，多角度、全方位地分析事物的历史和现状，把握未来的发展趋势，获得常人不能得知的信息，从而提前做出正确决策，取得事业成功的思维活动。事实证明，具有超前思维的人更容易进行创新活动，最终走向成功。

有些人说："能预知三天之后发展变化的人，是聪明的人；而能预知三年之后发展变化的人就是伟大的人。"这种说法是非常正确的。事实证明，凡事能够提前想到的，必定也是能提前做到的，它是人们成功的筹码。如今，我们生活在一个充满竞争的时代，所以，"超前思维"显得尤为重要，因为它能带给我们更多的东西，来指引我们不断前进。

在二战期间，美国有一家规模不大的缝纫机厂生意萧条，厂主杰克觉得战争期间所有的行业都不景气，只有军火生意特别好，但自己又不能干军火买卖，于是他就把目光转向未来市场，他告诉儿子："我们得转行，不做缝纫机了。"

儿子不解地问："改成什么？"

杰克说："改成生产残疾人用的小轮椅。"

虽然不明白父亲为什么这么做，但他还是照办了。通过设备改造，小轮椅问世了，并且生产了很多。在战争结束之后，许多在战争中受伤致残的士兵和平民，纷纷购买小轮椅。他们的生意非常红火，有很多外国客户也前来购买。

杰克的儿子看到工厂生产规模不断扩大，财源滚滚，在满心欢喜之余，不禁又向其父请教："战争即将结束，小轮椅如果继续大量生产，需要量可能已经不多。未来的几十年里，市场又会有什么需要呢？"

老杰克成竹在胸，反问儿子："战争结束了，人们的想法是什么呢？"

"人们对战争已经厌恶透了，希望战后能过上安定美好的生活。"

杰克进一步指点儿子："那么，美好的生活靠什么呢？要靠健康的身体。将来人们会把身体健康作为重要的追求目标。所以，我们要为生产健身器作好准备。"

于是，生产小轮椅的机械流水线，又被改造为生产健身器。最初几年，销售情况并不太好。这时老杰克已经去世，但是他的儿子坚信父亲的超前意识，仍然继续生产健身器。结果就在战后10年左右，健身器开始走俏，不久便成为热门货。当时杰克健身器在美国只此一家，独领风骚。老杰克之子根据市场需求，不断增加产品的品种和产量，扩大企业规模，终于使杰克家族进入到亿万富翁的行列。

当然，超前意识并不是仅仅适用于商业发展，社会生活中的各个方面的顺利发展都需要超前意识的参与，只有这样才能保证成功。其实，在科技领域中，超前意识显得尤为重要，因为如今日益激烈的国际竞争，从另一个方面来说就是科技实力的竞争。从古至今，很多事物的发明都是人们超前意识的结果。如人们希望有一对可以翱翔天际的翅膀，带着这种愿望，美国的莱特兄弟通过不断努力，终于制造出了人类历史上的第一架飞机；还有法国的科幻小说家德勒·凡尔纳，在他创作科幻小说的时候，通过想象，他描绘了人类未来的美好场景，包括潜水艇、导弹、霓虹灯、电视……如今这些早已经不是什么稀罕物。在中国，大家都听过"嫦娥奔月"的故事，它是中国古代一个美丽的神话传说，由于其有较强的影响力，所以很多作家以此为切入点创作出了很多以人类飞向月球为题材的故事。通过人类的努力，故事变成了现实，在20世纪60年代末，美国的"阿波罗"号宇宙飞船载着两名宇航员登上了月球，标志着人类的"奔月梦"已经实现。另外，在1940年"建设明天的世界"的博览会中，美国工业设计师诺曼·贝尔·盖茨设计了"未来世界"的面貌，当时展现的美国是一个被高速公路覆盖的国家，而且预言："美国将会被高速公路所贯穿，驾驶员不用在交通信号灯前停车，而可以一鼓作气地飞速穿越这个国家。"当时很多人对此表示怀疑，认为他那是没有根据的空想，没有任何现实意义，但如今他的预言早已经变为现实，不仅是美国这样的发达国家被高速公路覆盖，中国的高速公路建设也取得了很大的成果。当然，人们之前预见的未来很多早已经变为现实。人们为什么有这些能力呢？当然源于人类的超前意识，正因为人们有了想象，才会不断努力、不断创新，发明很多为人类提供方面的实物。

正是人类有如此强烈的超前意识，科技发展才取得了如此丰硕的成果。看到气球飞在天空中，齐奥尔科夫斯基通过超前思维谱写了"星际航行三部曲"，他提出了多级火箭宇宙空间飞行的设想，这个设想极大地推动了世界航空航天事业的发展。另外，其他很多科研成果，

领导力

你就是未来最卓越的领导者

如卢瑟福超越研究放射性原理，探索出了原子分裂的过程和基本结论，为人类核研究奠定了基础；出于对电子技术的好奇之心，贝尔德对电视发明产生了浓厚的兴趣，最终为人类带来了方便。其实这样的伟大事迹不胜枚举。另外，这些科研成果的出现正体现了超前思维的重要性，正因为超前思维的存在，人类才得以有众多的发明创造，促进世界的不断发展。

中国古语有云："天时"、"地利"、"人和"，缺一不可。也就是我们经常说的：需要正确的人、在正确的时间、正确的地点做正确的事情，才能够得到正确的结果。

我们知道，生存的价值和品质是由我们所做的事情决定的，要成为正确的人，就要看此时此刻我们是否在做正确的事，我们是否能把握历史和地理交会的这个时空、这个点，尽我们最大的努力去做真正有价值的事，提高我们生命的品质。此时此刻我们所做的事，就决定了我们的生命是留在原地还是迈向未来。

在问题面前寻求突破

在亿万年前，恐龙曾经是地球上最强大、最活跃的物种之一，但不知道什么原因消失了，至今没有一个科学家能拿出确实的证据来说明恐龙灭绝的原因。有人曾提出一个观点，就是当环境发生剧烈变化的时候，长期安于现状的恐龙缺乏"应变"和"学习"能力，无法改变自己以适应环境的变化。

现实生活中，存在很多恐龙式的人，我们姑且称之为"恐龙族"。

"恐龙族"不喜欢改变，他们安于现状，没有野心，没有创新精神，没有工作热忱，满脑子目前的状态，不设法改进自己，不让自己有资格做更好的工作。"恐龙族"不肯承认改变的事实，他们不愿为自己制造机会，而情愿受所谓运气、命运的摆布。

在日常生活中，我们会发现世界上存在这种类型的人：他们的生活算不上好，但也算不上不好；他们的事业算不上成功，但也不能说是失败；他们生活地不算潇洒，但也不算是默默无闻……这样人的最大愿望就是永远保持这种生活状态，他们希望通过冒险取得成功，但又害怕"一失足成千古恨"，连这种生活状态给破坏掉，所以不敢行动。因此，从这个方面来说，他们的人生目标就是追求生活的安全感。

客观来说，随遇而安、过一种普普通通的生活也是一种人生，因为我们大多数人都是这样度过的。但是，如果总是随遇而安，把所谓的生活安全感放在人生的第一位，久而久之，我们就会产生一种惰性，机会来到面前也把握不住。

有一位年轻人是一家保险公司的推销员，虽然工作勤奋，但收入少得甚至租不起房子，每天还要看人们的脸色。

一天，他来到一家寺庙向住持介绍投保的好处。老和尚很有耐心地听他把话讲完，然后平静地说："听完你的介绍之后，丝毫引不起我投保的意念。人与人之间，像这样相对而坐的时候。一定要具备一种强烈吸引对方的魅力，如果你做不到这一点，将来就不会有什么前途可言……"

年轻人从寺庙里出来，一路上思索着老和尚的话，若有所悟。接下来，他组织了专门针对自己的"批评会"，请同事或客户吃饭，目的是让他们指出自己的缺点。

"你的个性太急躁了，常常沉不住气……"

"你有些自以为是，往往听不进别人的意见……"

"你面对的是形形色色的人，必须要有丰富的知识，所以必须加强进修，以便很快与客户找到共同的话题，拉近彼此间的距离。"

年轻人把这些可贵的"逆耳忠言"一一记录下来。每一次"批评会"后，他都有被剥了一层皮的感觉。通过一次次的"批评会"，他把自己身上那一层又一层的劣根性一点点地去除了。

从此，年轻人开始像一只成长的蚕。随着时光的流逝悄悄地蜕变着。到了1939年，他的销售业绩荣膺全日本之最，并从1948年起，连续15年保持全日本销售量第一的好成绩。

这个人就是被日本国民誉为"练出价值百万美元笑容的小个子"，美国著名作家奥格·曼狄诺称之为"世界上最伟大的推销员"的推销大师原一平。

"我们这一代最伟大的发现是，人类可以由改变自己而改变命运。"原一平用自己的行动印证了这句话。有些时候，面对一些棘手的问题，应该迫切改变的或许不是环境，而是我们自己。换句话说就是：有些时候，我们不是找不到方法去解决问题，而是在问题面前，我们没有真正作出努力。在完善自己的同时，我们也就找到了解决问题的方法。

环境的变化，虽然对一个人的命运有直接影响，但是，任何一种环境都有可供发展的机会，紧紧抓住这些机会，好好利用这些机会，不断随环境的变化调整自己的观念，就有可能在社会竞争的舞台上开辟出一片新天地。所以，每个人在经营的过程中，必须有中途应变的准备，这是市场环境下的生存之本，也是强者的生存之本。

面对问题最需要改变的是我们自己。面对环境的发展变化，我们要及时改变自己的观点和思路，及时改变自己的生存方式，只有这样才有可能获得成功。

一半时间思索，一半时间行动

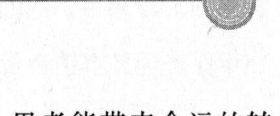

勤于思考是成功者身上一项重要的素质。思考能带来命运的转机，不肯思考的人很容易停滞不前。

"学习知识要善于思考，我就是靠这个学习方法成为科学家的。"爱因斯坦如是说。

牛顿敞开心扉说："如果说我对世界有些微贡献的话，那不是因为别的，而只是由于我的辛勤耐久的思索所致。"

关于学习，思想家狄德罗曾经说明了自己的治学之道："无论做什么事情，我们应该使用对自然的观察、思考和实验这三种方法。观察可以使我们得到事实，思考会把这些事实结合起来，最终由实验来证明组合的结果。然而这三种方法的要求也是不同的，对自然的观察应该是专注的，思考应该是深刻的，实验则应该是精确的。"

周恩来也盛赞思考的力量："思之，思之，神鬼通之。"

无数事实证明，将自己的时间进行合理分配，一半用于思索，一

半用于行动，是非常明智的举动。做到这些的人往往更容易取得成功。如果不善于思考，就不能挖掘出更多的智慧，也不会变通，从而无法享受创新所带来的成果。与此同时，是否做到了思考也是一个人能否取得成功的关键因素。

在工作中，要战胜困难，取得理想的结果，深思熟虑是不可缺少的条件。在科学研究、艺术创造中，在规划方案、产品设计、经营运筹中，在理论体系的构筑中，思考具有不可替代的作用。

世界上一切革新、发明、创意、主张，都是思考的产物。科学家通过思考，创造了五彩斑斓的世界，推动了文明的进程。

长时间的持续思考能创造奇迹。睡梦也是思考的延续，有时，甚至在梦中都会有所得。在科学史上，这种"奇迹"比比皆是，缝纫机的发明即是一例。

当时，埃利阿斯·豪将全部财富投资于缝纫机的发明，但这个项目的最后一个问题，即缝纫机针的针孔应设在什么部位，成了一个关键点，经过千思万虑，都得不到确切的结果。有一次，在睡梦中，他见有一群野人在他周围唱歌、跳舞，蛮族王令他必须在24小时之内制成缝纫机的针，若是超过规定时间，就将他放进大锅煮熟给大家分食。他烦恼万分。突然，他发现野人手中的长矛，在尖刺上有个孔。他终于找到了答案。他惊醒时，是夜里3点钟。于是，他急忙起床，赶到工作室，借梦中得到的启示，完成了世界上第一台缝纫机的设计。

正因为思考的神奇魅力，因而人类十分重视思维能力的开发，对思想的力量百般倾心。

高尔基曾热忱鼓励人们进行认真思考，让思想自由腾飞。他深情地讴歌"思想的力量"，指出："这思想时而迅如闪电，时而静若寒剑。""只有思想是人的女友，他唯独同她永不分手，只有思想的光焰才能照亮他路上遇到的障碍，揭示人生的谜，揭开大自然的重重奥秘，解除他心中漆黑一团的混乱。""思想是人自由的女友，她到处用锐利的目光观察一切，并毫不留情地阐明一切。""思想把动物造就成人，创造了神灵，创造了哲学体系以及揭示世界之谜的钥匙——科学。"

唯有思考才能开发出智慧的潜能，才能撞开才智的大门。当今，人类知识总量已超过以往一切时代的总和，全部科学知识的四分之三是20世纪50年代之后才开发的。"知识爆炸"的态势警策我们，仅会积累知识，即使皓首穷经，充其量只不过是一个双脚书橱，难有大作为。而思维能力强的人，却能再造知识，开发智能，将知识转化为现实的生产力。

学会转换视角

视角转换具有发散思维的优势，可以防止思想顽固、保守。每一种思维方式和视角都是一副有色眼镜，每一副有色眼镜"赋予"思维对象以一种色彩。通过有色眼镜的过滤和渲染处理，我们的认识可能会被歪曲。如果一种视角一旦固化起来，就会导致思维定式、僵化，结果是对新事物视而不见，对新观念进行排斥和拒绝。如果人们能够进行视角转换，或者说多配几副不同颜色的眼镜，经常换着戴，换着看，就能够让自己的思路更加广阔，做事的方法也就越多，越有新意。下面这个故事说明了这一点。

一位名叫斯帕克特的玩具制造商感慨万分地说："所有玩具设计师都有一个弱点，那就是他们早已成为成年人，失去了直接反应能力。他们眼光陈旧，视角单调。所以，他们设计的玩具并不受儿童的欢迎。"为了克服这一不利因素，他发现并起用了一位名叫玛丽娅·罗塔斯的6岁小女孩。由于罗塔斯能以儿童独特的眼光准确地指出斯帕克特生产的各种玩具的缺点，她被斯帕克特聘为该公司的顾问。结果，她的新视角为斯帕克特公司的玩具生产作出了巨大的贡献，而她也得到了丰厚的回报，成了年龄最小的富人。

的确，多视角地透视在发散思维中是必不可少的，而这其中，自然少不了相似视角转换。在遇到难题时，你能够转换视角，向左、向右、向上、向下，不断地飞翔，总有一个绝佳的方法在某个角落等待你去发现。

一个犹太人走进纽约的一家银行，来到贷款部，一本正经地坐了下来。

"请问先生有什么事情吗？"贷款部经理一边问，一边看来人的穿着打扮：豪华的西服、高级皮鞋、昂贵的手表。

"我想借些钱。"

"好啊，先生！请问你要借多少啊！

"1美元。"

"只需要1美元？"

"不错，只借1美元。可以吗？"

"当然可以，只要有担保，再多点也行！"

"好吧，这些担保可以吗？"

犹太人说着，从昂贵的皮包里取出放在经理的写字台上。

"总共50万美元的股票，够了吧！"

"是的。"说着，犹太人接过了1美元。

"年息为6%。只要您付出6%的利息，就可以把这些股票还给你。"

"谢谢。"

正当犹太人准备离开银行的时候，一直在旁边注视着的分行长觉得非常奇怪，他心想：一个拥有50万美元股票的人，怎么会来银行借1美元？他慌慌张张地追上前去，想问个明白，于是对犹太人说："啊，这位先生……"

"有什么事情吗？"

"我实在弄不明白，你拥有50万美元，为什么只借1美元呢？要是你想借三四十万美元的话，我们也会很乐意的……"

"请不必为我操心。只是我来这里之前问过了几家金库，他们保险箱的租金都很昂贵。所以，我就准备在银行寄存这些股票。租金实在太便宜了，一年只需花6美分。"

贵重物品的寄存按常理应放在金库的保险箱里，许多人都会这么做，而且会认为这是唯一的选择。但犹太商人却没有死往那一方面钻。而是通过发散思维，找到了让证券等贵重物品锁进银行保险箱的省钱方法。

转换思路发散地思考问题，这就是犹太商人在思维方式上的"精明"，只要通过视角转换来发散思路，那么许多难题也会轻松地解决。

学会换位思考

下棋，不论是何种棋，几乎都要用到换位思考来对弈，所以下棋也是平常训练我们换位思考的一种绝佳的方式。

位置换位思考法就是一种通过颠倒甲、乙两事物的位置关系而形成的思维方法。

在第二次世界大战的时候，在战斗开始之前，美国的蒙哥马利将军都会把敌军统帅的照片放在自己的办公桌上。他这样做就是想看着对方的照片然后问自己"如果我是他，此时我会怎么做呢"。在他看来，这样做的好处就是更好地知己知彼，以便采取措施。

同时，在美国有这样一位中学校长。每当学生犯错的时候，他就把这个学生叫到办公室来，然后让他坐在自己的椅子上，自己则坐在对面的位置上，两人开始交谈。他说："这样做可以让他站在学校负责人的角度来考虑自己所犯的错误，改正效果会更好。"

国外有的城市规定，肇事撞伤人的汽车司机，必须到医院去当护士，负责照顾被他所压伤或撞伤的伤员。这些城市做出这一规定的目的在于，让司机通过照顾伤员，体会被汽车压伤或撞伤的痛苦，以便更好地从自身出发总结经验教训，防止今后再次肇事。要很好地做到换位思

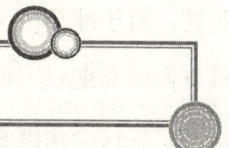

第二章 创新思维，不一样的领导魅力

考，不妨从以下几点做起：

1. 上下易位

以前的冰箱的冷冻室一直都位于冰箱的上半部分，因为冷空气的比重较大，它会自动地从上向下流动。将冷冻室放在上半部分有利于冰箱对冷空气的利用，人们认为这样的设计是合理的。但它存在这样一个问题：对于冰箱的上半部分，人们取放食物不必弯腰，是人们使用冰箱最方便的高度。一般家庭开启冷藏室的次数，比开启冷冻室的次数要多得多。从这个角度看，将冷冻室的位置定在冰箱的上半部分并不理想。日本夏普公司的科研人员对此展开换位思考，认为可以将冷冻室和冷藏室的位置上下掉换，只要能把下面冷冻室的冷空气提升到冰箱的上半部分就行。沿着这样一条思路，他们很快就想出了解决问题的办法：在冰箱内安装上风扇和一些通风管道，通过它们将下面冷冻室的冷空气提升到上面的冷藏室。就这样，市场上便出现了冷藏室在冰箱上半部分的新型冰箱。

2. 思考易位

位置换位这一思路，可以用于思考其他方面的问题。

心理学家梅尔曾做过一个有名的"两根绳子问题"的实验：两根绳子各有9尺长，相隔14尺悬挂在屋顶上，要求被试者将它们系住。

房间里，仅有的物体是一把椅子和一把钳子。被试者想要站在椅子上来解决问题，但尝试多次也都无法成功。

怎么办？解决的办法，是把钳子系在一根绳子上，让它像钟摆一样摆动。

然后走去抓住另一根绳子，把它扯在到子中间，等第一根绳子摆回来时把它抓住，就能把两者系住。

实验表明，这些被试者中，仅有39％的人能在10分钟内解决这个问

题。多数人没有解决问题的原因在于：他们仅仅是把钳子当成钳子，没想到可以把它当作摆锤来用。

3. 选择易位

我们再来看一个很有趣的问题——

在一个公司面试职员的时候，出了这样一道题：在一个狂风暴雨的晚上，你开车经过一个车站，看见有三个人正在等公交车：第一个是病重的老太太，第二个是一位医生，他曾经救过你的命，第三个是你喜欢的人。如果你的车只能容下一位乘客，你会帮助谁?

当然，这个问题不好回答。不管选哪一个都是有道理的。病重的老太太有生命危险，所以应当先救。那位救过自己的医生，应该得到回报，而此时正好可以向自己喜欢的人套近乎。所以，不好做出选择。

当时参加面试的人有很多，只有一个人给出了非常妙的答案："我把车钥匙交给医生，让他赶紧把老妇送往医院；而我则留下来，陪着我心爱的人一起等候公交车的到来。"

当然，想到这种方法的人是非常少的，所以，无论在什么时候都应该抛开"非此即彼"模式的限制，使自己的思维更灵活。

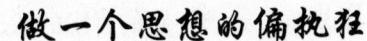

做一个思想的偏执狂

一本叫《只有偏执狂才能成功》的书，同《谁动了我的奶酪》一

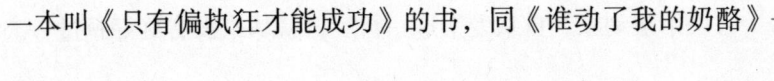

样风靡整个世界的书，让我们更深一步地了解了Intel公司创始人安德鲁·格罗夫及该公司的企业文化。

在Intel公司有一个非常流行的鱼缸理论：当你把鱼放在一个方形的容器里，因为有死角，鱼就会在角落里呆滞不动。但当你把鱼放在一个圆形的容器里的时候，鱼会感到压力，就会不停地游动，直到筋疲力尽。这个理论正是"只有偏执狂才能成功"名言的真实写照。

正是格罗夫，多次带领着Intel走出困境，创造了每年给投资者平均44%以上的回报率。他重新定义了Intel，使之从制造商转变为业界领袖。

格罗夫的巨大成就离不开他追求成功的偏执个性，更可贵的是他对待工作的严谨求实的作风。他认为很多人都善于说得头头是道，但身体力行者却寥寥无几，很多人总是自以为是地把新问题当做老问题来解决，不调查、不了解，忽视了问题的变化。因此，他总是不厌其烦地要求企业内各部门经理不要怕琐碎和麻烦，要对外界的情况变化"了解、再了解"。他给人留下的印象始终是非常执著，越是困难的问题，他越是努力寻找答案。

他所指的偏执，并不是一种怪诞的行为，更不是心理变态。他只是想告诉世界，但凡追求成功的人，都必须具有两个必备的特质，那就是对正确理念的不懈坚持，对完美的不断追求。这需要极大的勇气，需要执行者的坚持。格罗夫用自己亲身的经历告诉我们，只要去做到他所说的偏执，我们就必然可以如他一样成功。而一个人一旦成为思想上的偏执者，一旦对正确理念坚持不懈，执著地去寻求问题的答案的话，他就必然可以有自己独特的想法，对社会而言必然会有所创新，对他个人而言则必然会成功。

有一个雕刻家，自从爱上这一行后，就从来没有好好睡过一次觉。

每当有作品需要创作的时候，他的一日三餐仅是几片面包。清晨他从面包铺里买来面包，吃一片当早餐，剩下的就揣在怀里。他爬到高高的梯子上工作，饿了便啃面包充饥。

他本来并不是一个孤僻的人，但随着从事雕刻工作的时间越长，他就越无法跟人沟通。在创作的时候，只要有一个人在场，就能完全扰乱他的情绪。他必须要有一种与世隔绝之感，方能得心应手地工作。

他最大的痛苦不是创作不出满意的作品，而是需要为生活琐事忙碌。

他以前并不是一个追求完美的人，但到后来，他无法容忍自己作品出现微瑕。一旦他在一件雕像中发现有错，就会放弃整个作品，转而另雕一块石头。

所以，他留给这个世界的作品很少。

他的名字叫米开朗琪罗，一位天才的雕刻艺术家。

几百年前一个下着雪的早晨，名声威震欧洲的米开朗琪罗很早就出门了。他在斗兽场附近碰见了城里教堂中的主教，主教惊讶地问他："在这样的鬼天气、这样的高龄，你还出门上哪里去？"

"上学院去。想再努一把力，学点东西。"他回答。

几百年后的今天，我们可以想象，在那一天，他所在学院的学生们还在有火炉的房间酣睡，而一位风烛残年的老人，却"吱呀"一声打开了结着冰花的工作室的门。

人们常在问："成功是什么？成功有无止境？"也许从米开朗琪罗的故事中我们可以知道：成功有时是一种偏执状态的果实。引用马克·吐温的话：偏执者与神离得最近。对于我们而言，做什么事情如果都能达到痴迷忘我的程度、达到偏执狂的地步，那我们必然会有创新的思维、离成功也就不会太远了。

在现实生活中，有人会说："为了成功，我曾试了不下上千次。

可就是不见成效。"但这句话是真的吗？值得我们去相信吗？如果真的要选择的话，可以说他们并没有试过上百次，甚至于有没有十次都颇令人怀疑。或许有些人曾试过八次、九次，乃至于十次，但因为不见成效，结果就放弃了再试的念头。这样当然不会成功。

正如葛洛夫所说"我笃信只有偏执狂才能生存"这句格言，它不仅适用于他的企业管理，同样适用于生活和人生。偏执造成了不平衡。人类的发展总是在一个平衡被打破后形成一个新平衡的过程中完成的，这种过程完成的次数越多，人的成长也就越快，而一个偏执的人就难于在某个平衡状态中保持下去，因而他在连续不断地打破旧平衡，形成新平衡……如此不断去进步，不断去创新，从而不断地走向成功。

不能改变环境，就学着适应它

诸葛亮曾经说："腐儒俗士岂识时务，识时务者在乎俊杰。"那识时务具体指的是什么呢？其实，通俗来讲，识时务就是了解事物的发展方向，最好能做到了如指掌。例如，研究某一领域的人必须要了解这一领域最新的动态，这样的人是俊杰。在日常生活中，我们经常有人为"不知道自己可以做什么"而感到困惑，所以是非常悲哀的。

如果你的天赋和内心要求你从事木工工作，那么你就做一个木匠；如果你的天赋和内心要求你从事医学工作，那么你就做一名医生。

人的生存离不开环境，环境一旦变化，我们就必须随时调整自己的观念、思想、行动及目标以适应这种变化，这是生存的客观法则。但是，有时环境的发展与我们的事业目标、愿望、兴趣、爱好等发展是不合拍的，有时甚至会阻碍、限制我们的愿望和能力的发展。在这种时候，如果我们有能力、有办法来适应环境，使之满足我们能力和愿望的发展需求，则是最难能可贵的。

刚刚从某高校音乐学院毕业的小李，被分配到一家国企的工会做宣传工作。刚开始，他很苦恼，认为自己的专业才能与工作不对口，在这里长期干下去，不但自己的前途会耽误，而且自己的专长也可能被荒废。于是，他四处活动，想调到一个适合自己发展的单位。可是，几经折腾，终未成功。之后，他便死心塌地地安守在这个工作岗位上，并发誓要改变"英雄无用武之地"的状况。他找到单位工会主席，提出了自己要为企业组建乐队的计划。正好这个企业刚从低谷走出来，扭亏为盈，开始进入高速发展时期，自然也想大张旗鼓地宣传企业形象，提高产品的知名度，就欣然同意了他的计划。他来了精神，跑基层、寻人才、买器具、设舞台、办培训，不出半年，就使乐团初具规模。两年以后，这个企业乐团的演奏水平已成为全市一流，而且堪与专业乐团相媲美，而他自己也成了全市知名度较高的乐队经理。通过自己的努力，他完全改变了自己所处的环境，化劣势为优势，不但开辟出自己施展才能的用武之地，而且培养了自己的领导管理才能，为自己以后寻求更大的发展奠定了坚实的基础。

适应环境需要许多条件，但最重要的是你的信心与智慧，它们相辅相成，缺一不可，有了适应环境的决心和勇气，肯定能够想出解决问题的好方法。但现实生活中，有的人却不这样，他们改变不了环境，也不利用环境去努力寻找、创造新的机会，而是怨天尤人、自暴自弃，以致一生难有任何作为。其实，我们经常会身处一种陌生、被动的环境中，而环境本身往往又是不容易被改变的。这时正确的做法就是适应环境，在适应中改变自己、提升自己。正如一句话所说的："自己的命运掌握在自己手中。"当你无法改变身处的环境时，就应该以一种积极、向上的态度去适应它，当你付出勤奋、努力后，便会发现成功已悄然来临。如果有一天你实现了自己的人生目标，你应该自豪地对自己说："我掌握了命运，这都是我适时调整自己的结果。"

环境是一个极其复杂的人生大背景，大舞台。在这个大背景中，个人的命运与时代的脉搏、国家的兴衰、工作群体的变化息息相关。无论是国家形势的大变化，还是工作环境的小变化，都可能引起个人前途命运的变化，或是给个人的事业带来发展的机遇，或是限制阻碍个人的前进道路。

一个人要想生存，要想成为强者，就必须紧跟时代的步伐一起前进。也就是说，我们要想改变生存环境，必须首先顺应生存环境的发展变化。如果一个人想改变生存环境，却不能首先顺应环境的发展变化，那么，想改变环境的目的是不可能达到的。

借助成功人士提升自己

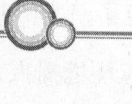

心理学研究表明，环境可以让一个人产生特定的思维习惯，甚至

是行为习惯。环境能够改变我们的思维与行为习惯，直接影响到我们的工作效能与生活。和成功人士在一起，有助于我们在身边形成一个"成功"的氛围，在这个氛围中我们可以向身边的成功人士学习正确的思维方法，感受他们的热情，了解并掌握他们处理问题的方法。

下面是一位百万富翁请教一位千万富翁的对话。通过这个故事可以让我们知道和成功人士在一起的重要作用。

"为什么你能成为千万富翁，而我却只能成为百万富翁？难道我还不够努力吗？"一位百万富翁向一位千万富翁请教道。

"你平时和什么人在一起？"

"和我在一起的全都是百万富翁，他们都很有钱，很有素质……"那位百万富翁自豪地回答道。

"呵呵，我平时都是和千万富翁在一起的，这就是我能成为千万富翁而你却只能成为百万富翁的原因。"那位千万富翁轻松地回答道。

由此我们可以看出造成他们差距的是他们所处的环境不同，也就是说交往的朋友不一样。职场中有这样一个规律：你的年收入是你交往最密切的5位朋友年收入的平均值。打个比方说：你的5位朋友年收入分别是：6万、7万、10万、13万、14万，总和是50万，那你的年收入就应该在10万左右。当然这个数字只是理论上的，但我们接触的事实大多是这样的。因此，有这么一句话："看你身边的朋友就知道你是个什么样的人。"

下面是我们如何结识成功人士，使自己更快走向成功的一些技巧和方法。

1. 审视自身的环境，寻找有益的同伴

你所遇到的人决定你的命运。良好的环境可以促进人的成功，恶劣的环境会阻挠人的成功。所以，假如你想要成为一名高效能人士，取得事业上的成功，就应该先看看周围的环境是不是与它相适合，假如不

适合，就要考虑：换环境！

古时孟母三择其邻，为的是避免年幼的孟子在不知不觉中沾染恶邻的恶习。俗话说，"近朱者赤，近墨者黑"。同类事物彼此吸引，相通相容，同时又相互影响，和某一种人相处久了，慢慢就会变得和他有些相像。和成功的人在一起，慢慢会受其影响，言谈举止、为人处世会学到他的一些方法；和开心的人在一起，就会逐渐变得开心；和有魅力的人在一起，会不知不觉地增加魅力。假如和一群消极的人在一起，每天听到的都是消极的话，不断输入潜意识，就会变得和他们一样消极。原因是，人与人之间通过意识、潜意识、生物场等途径不断地在交换物质、信息。你所接触的环境决定了你的思想格局，你的思想言行都是你所在环境的各种反映。

巧妙利用环境因素，是成功的速成方法。因为你时刻在与环境相互作用，换言之就是时刻在环境中学习，所以，想要得到一个什么样的结果，就要尽量处在一个什么样的环境中。

2. 结交优于自己的人

那些能够为我们带来益处的人往往是那些优于我们的人。一位成功学专家认为："一个最有可能成功的人，他在朋友圈子中的成就应当是最低的。为什么会这样呢？因为只有你的朋友比你强的时候，你才能从交友中获益；假如所有的朋友都没你棒，就不太妙了。"

因此，我们在交往中应尽可能结交优于自己的人，并朝这一目标努力。结交卓越的人士，便能见贤思齐。当然，这里的"优于自己的人"并非是指家世显赫让世人所称道的人，而是指有思想、有内涵的人。

那么，你该跟谁交往呢？寻找那些热情的人、乐观的人。你需要那些自动自发的同伴，那些具有追求成功动机的人、自信的人，那些愿意将所知传授给别人的人，包括教师、教练、主管、同事、家庭成

员中的长者、智者、训练员和领袖。这些人也乐意帮你攀登顶峰。

3.和成功者在一起

一位职员曾经向他的老板抱怨道："老板，我真的很苦恼，因为我实在无法激发出我的潜力。"

老板就告诉他说："原因只有一个，因为你没有跟成功者在一起。"

如果你与成功者在一起学习，他们都非常热情，非常有行动力，你跟他们在一起，不行动都不行。一个人要成功，必须做到以下几点：

第一，他必须帮成功者工作。

第二，当他开始成功的时候，一定要跟更成功的人合作。

第三，当他越来越成功时，要找成功者来帮他工作。

只要你能按照这三点，按部就班地去做，你就容易获得成功。一般人无法成功，是因为他们连帮成功者工作的态度都没有，他总是想要自己搞一套。事实上，你自己搞出来的方法效果都是有限的。

环境能让你产生特定的思维习惯，甚至是行为习惯，左右你的人生。因此，如果你想成为一名成功人士，最好的办法就是尽量找机会和成功人士在一起，多多感受和学习他们身上的优秀品质。

站在巨人的肩膀上超越

我们在上学的时候就知道，如果想取得好成绩，就应该向学习成绩最优秀的同学看齐，向他们学习良好的方法与技巧。工作中也是如此，若想工作有所收获，事业有所突破，就必须学习和借鉴行业的最优秀者的力量，寻找超越的机会。

李嘉诚就是一个积极向优于自己的人学习的人。李嘉诚是国内外知名的企业家，曾被评为亚洲最有影响力的人。他的和记黄埔集团是全球港口业最大的经营商，业务遍及41个国家。一般人只知道李嘉诚是一个能够在商场中纵横自如的超级富豪，然而很少人知道他事业的转折点竟是从做"间谍"开始的。

1957年春天，李嘉诚为了了解塑胶花产品的生产工艺，登上了飞往意大利的班机去考察。他在一间小旅店安下身来，就迫不及待地去寻访那家在世界上开风气之先的塑胶公司的地址。经过两天的奔波，李嘉诚风尘仆仆地来到了该公司的门口，但他却一下子停了下来。

他知道任何一个厂家对于新产品的技术都是严格保密的，也许可以名正言顺地购买技术专利，然而，这样做的局限性也很大。一来，长江厂小本经营，绝对付不起昂贵的专利费；二来，厂家绝不会轻易出售专利，它往往要在充分占领市场，赚得盆满钵满，直到准备淘汰这项技术时才肯出手。

情急之中，李嘉诚想到一个绝妙的办法。这家公司的塑胶厂正在招聘工人，他去报了名，被派往车间做打杂的工人。李嘉诚的主要工作是负责清除废品废料，他能够推着小车在厂区各个工段来回走动，双眼却恨不得把生产流程吞下去。收工后，李嘉诚急忙赶回旅店，把观察到的一切记录在笔记本上。

整个生产流程都熟悉了。可是，属于保密的技术环节还是不知道。有一天，李嘉诚邀请数位新结识的朋友，到城里的中国餐馆吃饭，这些朋友都是某一工序的技术工人。李嘉诚用英语向他们请教有关技

领导力

你就是未来最卓越的领导者

术，佯称他打算到其他的厂应聘技术工人。李嘉诚通过眼观耳听，大致悟出塑胶花制作配色的技术要领。

几个月后，李嘉诚满载而归。随机到达的，还有几大箱塑胶花样品和资料。临行前，塑胶花已推向市场，李嘉诚跑了好多家花店，了解销售情况。他发现绣球花最畅销，立即买下许多好的绣球花做样品。

李嘉诚回到长江塑胶厂不动声色地把几个部门负责人和技术骨干召集到办公室，他宣布，长江厂将以塑胶花为主攻方向，一定要使其成为本厂的拳头产品，使长江厂更上一层楼。

李嘉诚在香港快人一步研制出塑胶花，填补了香港市场的空白。按理说，物以稀为贵，卖高价在情理之中。但是李嘉诚明察秋毫，他认为塑胶花工艺并不复杂，因此，长江厂的塑胶花一面市，其他塑胶厂势必会在极短的时间内跟着模仿上市。倒不如在人无我有、独家推出的极短的第一时间，以适中的价住迅速抢占香港的所有塑胶花市场，一举打出长江厂的旗号，掀起新的消费热潮。卖得快，必产得多，"以销促产"，比"居奇为贵"更符合商界的游戏规则。这样，即使其他厂家迅速跟进，长江厂也早已站稳了脚跟，而长江厂的塑胶花也深深植入了消费者心中。

李嘉诚走"物美价廉"的销售路线，大部分经销商都非常爽快地按李嘉诚的报价签订了供销合约。有的为了买断权益，主动提出预付50%的定金。

李嘉诚掀起了香港消费新潮流，长江塑胶厂由默默无闻的小厂一下子蜚声香港塑胶界。

李嘉诚的成功固然与他独到的眼光和富有前瞻性的决策分不开。但是如果他不懂得向行业对手学习的道理，他也不可能取得如此大的成就。

俗话说"商场如战场"。在商业竞争中，每个商人都应该对竞争对手的情况了如指掌，只有这样，才能做到"知己知彼，百战百胜"，最终在激烈的市场竞争中获胜。

比尔·盖茨曾说过："一个好员工应分析公司竞争对手的可借鉴之处，并注意总结，避免重犯竞争对手的错误。"微软有一个班子，专门分析竞争对手的情况，包括什么时间推出什么产品，产品的特色是什么，有什么市场策略，市场的表现如何，有什么优势，有什么劣势，等等。微软的高层每年都要开一个会，请这些分析人员来讲竞争对手的情况。

微软为什么要这样做？微软此举是为了向竞争对手学习，学习对方的长处。

牛顿曾经说过，他之所以能取得如此辉煌的成就，只是因为站在了巨人的肩膀上。这里固然有牛顿自谦的成分，却也道出了一种成功的途径。我们为什么不向牛顿式的成功者学习，学习他人的卓越之处，站在这些巨人的肩膀上，为自己制定一个更高的目标，在学习、模仿中努力超越呢？

领导力

你就是未来最卓越的领导者

第三章

果断决策，不一样的领袖魄力

成功的决策每天都在上演，尽管是在不同时间、不同地点、不同领导手里。虽然决策内容不一样、决策环境不一样，但这些决策不是无章可循的，而是有一些固定的程序和章法的。下面就一起欣赏一下领导者的决策艺术。

决策是领导的灵魂

杜拉克说，"不管管理者做什么，他都是通过决策进行的"，"管理始终是一个决策的过程"。在管理工作中，决策的重要性是大家所公认的，但是现在人们却把很多注意力都集中在解决问题上，也就是说主要精力都集中在寻找答案上。这种做法是错误的。在管理决策上，最常见的毛病就是只强调寻找正确答案，而忽视了要寻找真的问题所在。这种决策只做一些不重要的、日常事务性的战术决策。但是，真正关系重大的决策却是战略决策。它所做的是弄清情况，或者改变情况，查明资源，或是了解应该有哪些资源。当管理者就必须做战略决策，而且在管理层次中所处的地位越高，要做的战略决策就越多。

决策是管理的核心，而战略决策又是决策的核心。所以，战略决策与诸多的战术决策的关系，是纲与目的关系。

20世纪初，出任美国贝尔电话公司总裁前的维尔先生，是美国企业历史上一位不为人所熟知的企业家，但却是一位最有效率的决策人。他在担任贝尔公司总裁的近20年中，非常正确地做出了四项重大决策，从而使该公司成为一个世界上最具规模、成长最快的民营企业。

从一开始，维尔就十分清楚这一点：一个电话公司要想自主经

营，就必须具有一个突出并且与众不同的管理方式。因此维尔有了第一个重要观念：贝尔公司虽是民营企业，但应比任何政府机构都更加关注社会大众的利益，而且要更为积极。为此，他做出了第一个正确决策：贝尔电话公司必须预测社会大众的服务需求，并满足社会大众的服务需求。

不久，维尔又提出"本公司以服务为目的"的口号。这一口号在20世纪初很难为人接受。但是，维尔却没有止步于此，他看出了企业应有一项评判管理者及其工作业绩的标准，用以衡量服务的程度，而不是衡量盈利的绩效。也就是说，服务的成果应被定为是管理者的责任。公司高层的职责在于组织及调度财源，力求使公司能提供最佳的服务，并能获得适当的收益。

实施"公众管制"是维尔做出的第二个正确的决策。他认为，绝不能以传统的"自由"企业来看待一个全国性的电讯事业，实施"公众管制"是避免政府收购的惟一方法。为了在有公平合理的"公众管制"确保公众利益的同时又能保证公司的顺利经营，维尔将这一目标交付于各地区的子公司总经理，责成他们尽力恢复各管制机构的活力。这一有效、诚挚并有原则的"公众管制"，关系着贝尔公司的存亡，符合整个公司的利益，所以得到了包括各子公司总经理在内的贝尔公司的高层管理成员的支持，成为整个公司共同奋斗的目标。

建立贝尔研究所、并使它成为企业界最成功的科学研究机构之一，是维尔做出的第三个正确决策。他认为，贝尔公司作为一个独占性的企业，必须永葆雄厚的竞争力。这一观念也是他建立贝尔研究所的出发点。在维尔看来，一个独占性的企业如果缺乏竞争力，没有进一步成长和革新的核心能力将会停滞不前，最终只会被市场淘汰。

20世纪20年代初，为了使贝尔公司能够以民营形态继续生存，维尔做出了他的第四项正确决策：开创一个资金市场。

缺少资金是许多企业被政府接管的主要原因。在1860至1920年间，欧洲的许多铁路公司都是因为资金不足被政府接管。第一次世界大战后，通货严重膨胀，欧洲大陆的许多电力公司在货币贬值、又不能提高电费的情势下，虽有心改善经营，却无法筹措足够的资金，无奈被政府接管了。

正是在了解到公司需要大量资金供应，而这些资金又不能从当时的资金市场获取，维尔才做出开创一个资金市场的决策。看到新兴的所谓"莎莉姑妈"的中产阶层的主妇，手头拥有大量的游资，却苦于找不到出路，担不起风险，维尔构想发行一种与当时的投机性股票完全不同的"AT&T"（美国电话电报公司）普通股。AT&T普通股在免受通货膨胀的威胁下还能享有资产增值，因此受到了"莎莉姑妈"的青睐。严格地说，当时拥有资金购股能力的中产阶层才刚刚出现，"莎莉姑妈"型的投资人还没有完全形成。他们当中只有极少敢于冒风险者的人才把资金用于投机股票市场，大多仍沿袭传统的习惯，将余钱存入银行或购买保险。维尔诱导当时的"莎莉姑妈"成为投资人，调动她们的储蓄，既符合了她们的利益，同时也符合了贝尔公司的利益。近50年来，贝尔公司因为开辟资金市场的决策，一直拥有充裕的资金来源。直至今日，美国和加拿大的中产阶层仍然是AT&T普通股主要投资人。

维尔的四项决策都与当时一般人的想法不同，但正是这四项正确决策使贝尔公司获得了巨大的成功。

日本著名企业管理学家土光敏夫说过这样一句话："决策是不能由多数人来作出的，多数人的意见只能听听，但真正作出判断的却只能是一个人。"这就说明个人决策在选优方案中的重要作用，个人决策其特点是决策迅速、责任明确，而且能够充分发挥企业中个人的主观能动

性，虽然个人决策似乎过于武断，但实际上，世界上有许多企业的发展都是由个人决策创造的，正是由于个人决策的准确性，才使得企业效益获得质的飞跃，甚至能把一个濒临垂危的企业救活。

可见，一个正确的决策能使团队起死回生，而一个错误、不切实际的决策会使团队濒于破产。领导者需要在长期的经验积累过程中，培养自己远见卓识的决策能力。

成功的决策是这样做出来的

美国的赫伯特·西蒙认为："成功的决策包括四个主要方面：即找出制定决策的理由，找到可能的行动方案，在诸行动方案中作出抉择，对已进行的抉择进行评价。"

1. 发现问题，确定目标

领导决策都是为了解决某个问题，那么这个问题存不存在，问题是什么，做出某个决策要达到什么目标，这些都是领导决策首先要解决的问题。所以，决策者要善于从繁杂的信息中，确认和发现问题。在决策中，一个成功的决策者要从全局出发，以战略的眼光，用系统的方法，对诸多问题进行加工、处理，从中提炼出决策目标。这个决策目标要明确具体、主次分明，还要考虑约束条件、最优化、可行性等。

2. 集思广益，拟订方案

制定出多种决策方案，这是决策成功的基础。在制订方案的过程中，要注意决策方案的多样性、差异性、民主性等。首先，决策时应尽量提出多种方案，尽力避免只有一个方案的唯一选择。因为方案多了才能比较和鉴别，才能从中选出最好的方案。这就要求决策者要开阔思路，大胆地提出尽可能多而全面的方案，尽量把各种因素、各个方面的可能都考虑在内。

其次，要注意使多种方案具有原则上的区别，而不能只有细节上或形式上的差异。只有这样，方案才不会雷同，才具有选择的意义。正如美国管理学家杜拉克所说的：好的决策应以相互冲突的意见为基础，应从不同的观点中选择，应从不同的判断中选择。

再次，要注意决策的民主性。决策时，除了要有专门的决策机构外，决策者还必须有一个健全的智囊团，以及广大的群众群体。尤其是对复杂系统的决策，更要借助群体的智力，充分发挥他们的积极性和创造性，以便产生整体大于部分功能之和的整体优化效应。目标确定以后，就要研究通过什么途径、采取什么方法和手段达到决策目标的问题，这就是拟订方案。拟订方案要发动、依靠群众，做到方案的民主性；要充分利用智囊，保证方案的科学性，从而实现民主决策、科学决策。

3. 综合评估，选定方案

这个阶段就是领导决断的过程，是决策程序中承上启下的最关键的一个阶段。"断"得如何，既决定了前面"谋"的意义，也决定了后面执行工作的命运。

对多种决策方案进行评审，找到最优方案。评审决策方案首先要根据决策目标，制定一组评审的标准或指标体系，这类标准或指标体系

要能充分反映决策目标的全部价值。指标体系可按技术指标、经济指标、财务指标、生态效益指标、社会效益指标等进行综合确定。对决策方案进行评审时，要始终围绕决策目标，对方案进行多方面多层次的评价和论证，考虑决策方案是否实现了决策目标、是否切实可行、是否在整体上最优、是否效益最大代价最小、是否与相关系统协调配合，以及分析方案的风险程度如何，利弊关系如何，等等。

总之，对各方面都要进行系统的综合的权衡比较，以便从各种方案中选出一个整体上最优的方案，或把不同方案综合成一个最优的可行的方案。

在长期的实践中，不少组织形成了良好的决策标准，如有的单位对重大问题的决策实行"三不原则"：即不调查研究不决策；不经过咨询论证不决策；没有两个以上的方案比较不决策。实践证明，这是防止盲目决策、草率决策的有效原则。在决策的这个程序中，决策中心系统处于绝对的中心地位，智囊系统、决策监督系统、辅助系统只处于辅助地位。

4. 实施方案，进行反馈追踪

决策方案经过优选决定、模拟实验及其必要的修正完善后，即进入决策方案的实施阶段。一般来说，实施决策方案，并不等于决策思维的终止。由于现实决策系统的复杂性，在实施决策方案的过程中，可能会出现某些与决策目标有不同程度的偏离甚至完全偏离的情况。这就要求人们在实施决策过程中，不断追踪检查，及时作出必要的反馈调节修正，尤其是当原有决策方案的实施已经不能适应变化了的主客观情况，原有决策的总目标已明显无法实现时，就要对决策目标或方案进行一种根本的修正或更换，这就是追踪决策。有效地进行反馈、追踪，这是科学决策的一个关键。

美国著名的IBM公司，曾经决定研制一种"未来系统"电子计算机，集中了数位专家，历时数年，花费5亿美元，最后却决定放弃了。因为他们在进行反馈信息分析时认为该项目研究成功的前景渺茫，再继续下去将有更大的损失。同时，他们把该项目已经研究出的许多局部成果和经验运用到其他产品研制中去，使损失减少到了最低限度。事实表明，这项目标反馈的追踪决策是正确的。

总之，决策活动是一项复杂的系统工程，要求人们必须从系统的思想、观点、原则出发，运用系统的方法，按照科学的程序，来进行成功的决策。

做决策不能急于求成

一个单位无论如何简单，管理如何有序，其中有待完成的工作远远多于用现有的资源所能做的事情。因此，作为领导者，决策的轻重缓急也是应当把握住的问题。

美国决策大师皮尔斯·卡特有一句名言："决策的最佳时机并不仅仅是快速，而应适速。"

1940年11月14日，英国考文垂遭到德国飞机的狂轰滥炸。在遭轰炸之前48小时，英国的"超级机密"密码机已经破译出了德军的轰炸计划，如果及时采取措施，就可以使考文垂市免遭惨重的损失。但那样一来，势必暴露"超级机密"密码机。为此，英国首相丘吉尔咬牙忍痛未

发出防空警报。后来，在保卫英伦三岛的长期作战中，密码机提供的情报所带来的利益，远远超过了考文垂市。

减少损失，获取最大利益，是每一位决策者的主观愿望，然而利与害的关系总是紧密关联的。所以孙子讲，"智者之虑，必杂于利害"，"塞翁失马，焉知非福"。因此，领导者在制定计划，采取措施时一定要考虑有利和有害两方面，在利思害，在害思利，方可减少领导工作中的盲目性。

钢铁业巨头肯·埃佛森认为错误决策是不能避免的，他说："从哈佛取得工商管理硕士可以说是不错的了，可是他们所作的决策有40%都是错误的。最糟糕的领导者做出的决断则有60%是错误的。"在他看来，最好的和最糟的之间只有20%的差距。但是错误决策无法避免，并不意味着要回避做出任何决策。埃佛森认为："管理人员的职责就是做出种种决策。不做决策，也就无所谓管理。管理人员应该建立起一种强烈的自尊心，积极地敦促自己少犯错误。"为了降低决策的错误率，领导者必须掌握正确的思路，对决策的轻重缓急做到心中有数，谨慎处理各种棘手的问题。

所以说，一个公司无论如何简单，管理如何有序，公司有待完成的工作总是远远多于用现有的资源所能做的事情，因此作为领导的你必须要分清轻重缓急，否则很可能一事无成。而你对公司的了解，以及做出的决策分析，恰恰也就反映在这些轻重缓急的决定之中。

决策力作为领导者制定和实施决策的能力，是其工作的基本和核心能力，需要足够的胆识和魄力。作为一个领导，在做决策时一定要慎之又慎，必须分清主次矛盾、轻重缓急，同时注重决策效率、讲求决策效果。要求领导者具备善谋长远的目光，统筹兼顾的本领，尤其在关键时候，领导者必须敢于当机立断，切忌优柔寡断，贻误发展良机。决策要绕开一个误区：面面俱到，面面顾不上。

决策的制定攸关公司生死，必须谨慎待之。制定决策既是一件硬性工作，又是一件弹性工作，决策者不可急于求成，在认真、充分分析后，应该轻者当缓，重者当急，把握好主次。

决策要符合科学发展规律

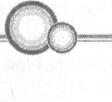

管理理论中把行动之前作出行动的决定称为决策。也就是说，决策是决策者经过各种考虑和比较之后，对应当做什么和应当怎么做所作的决定。任何单位的管理工作中，都经常存在各式各样的问题，需要研究对策，决定采取合适的措施加以解决，这个过程就是决策过程。

而所谓科学决策，就是在企业经营活动中，根据客观可能性，运用科学的方法，在多种经营方案中，选择最合理、最有效的方案，并按这种方案开展经营管理活动，以达到最优化目标。

巨人集团兴建巨人大厦时从18层一直加到70层，投资额由起初的2亿一直增加到12亿。这一系列决策的变化完全是凭史玉柱的个人感觉做出的。

史玉柱认为，建大厦应主要依靠自有资金，他设定的筹资方案为：自筹1/3，卖楼花筹1/3，向银行贷1/3。实际上，到巨人集团发生危机时，主要是用自筹资金和卖楼花所得而未向银行借一分钱。那么，巨人大厦是怎样把巨人集团拖入一场灾难的呢？

依据设计单位说的一句话，由54层加高到64层对下面的基础影响不大，史玉柱就做出了把大厦加高到64层的决策。随后仅凭感觉，未经严密论证，他又决定由64层加高到70层。结果施工时出现严重问题：巨人大厦处在三条断裂带上。大厦支柱必须穿越40~50米的沙土，才能达到岩石层，解决断裂带积水问题。打进岩石层30米，需要多投资3000多万元，又因为其间地基两度被水淹没，建筑工程耽误了10个月。

由于未料到地基出了问题，所筹楼花在70层的地基打完时已经用尽。受当时宏观调控政策的影响，巨人想从银行借贷的计划没有成功，只能从生物工程方面抽取资金，最严重的一次是在1996年的5月份，当月各子公司共交来了毛利2750万元人民币，净留下的850万元都被全部投入到巨人大厦的建设中，到当年6月，从生物工程方面抽取的资金已达到6000万元。

由于过量抽血，使得维持生物工程正常运作的基本费用和广告费用无法到位，生物工程这个产业开始萎缩。到1996年7月以后，保健品销量急剧下降。史玉柱发动了一场秋季攻势，力图挽救颓势，也未能奏效。

巨人大厦抽干了巨人产业的血，当生物工程一度停产时，巨人大厦终于断了资金供给不得不停工，一场危机就全面爆发了。

巨人大厦建设过程中的决策看来就像场儿戏，对资金筹措缺乏周详的考虑，施工前也没有一个完整的可行性方案。巨人集团给国内同行上了惨烈的一课。

杜拉克认为，企业的建立及经营，首先必须设定纲领性的基本理念，而其中首要的内容便应是关于企业宗旨和使命的设想。他说："每一位伟大的企业创始人都有一套关于本企业的明确理念，从而指引他的行动与决策。真正成功的管理者进行战略决策，都必须有一套明确、简要及深刻而科学的理论，而非仅凭其直觉来决策。"

那么，如何决策才是科学的呢？

一般情况下，科学的、正确的个人决策具有下述特点：

（1）不是出自于自己的妄想，而是出于实际需要的考虑。

（2）是对市场详细考察的结果，而不是个人主观意志的随意流露。

（3）表面上看起来是企业主管的思想表现，实际上代表着大多数人的利益。

（4）一名优秀的企业主管在提出个人决策时，恰好是能够从长远角度反映企业利益的。

（5）富有远见性、长久性，能确切地指出企业存在的问题，点明企业的出路。

（6）是企业生存和发展的有效制度，而不是空头文件。

只有符合上述特点的个人决策，才是正确的个人决策；也只有这样的个人决策才是企业的灵魂，才是企业发展的指南针。所以领导者虽然要发扬决策的民主性，但更要会作"个人决策"。

对于一个企业来说，决策是第一位的要素。决策失误，纵使再追加上些许辅助方案，也无法扭转被动状况，甚至还会造成重大的损失或经营的失败。反之，如果经营决策科学正确，就会极大地提高管理效果，取得良好的业绩。

没有决策，就没有行动，当然也不会产生任何效果。但是，没

有科学的决策，则会导致无效的或者是错误的行动，最后也只会徒劳无益。

勇气，成就卓越领导

　　果断的决策能力常常需要勇气，有时甚至需要极大的勇气。机会稍纵即逝，缺乏勇气的领导者往往不能抓住机会，因此领导者在作决策的时候，应拿出勇气来！

　　面对现代商业激烈的竞争，领导者需要密切注视每一个细微的变化，并分析出内在的本质，判断事物的发展方向，然后以壮士断腕的勇气作出敏锐果断的决定，使自己领先一步，抓住机会，取得成功。

　　机会不仅稍纵即逝，而且机会的产生也并非易事，因此不可能随时都有机会可抓。而机会还没有来临时，最好的办法就是等待，等待，再等待。在等待中为机会的到来作好准备。一旦机会在你面前出现，千万别犹豫，鼓起勇气伸手抓住它，你就是成功者。

　　那么，如何才能及时地抓住良机呢？这就需要领导者具有果断的素质。所谓果断，是指把经过认真思考的决策迅速明确地表达出来。果断，说明了领导者思维专一、反应敏锐，对信息的吸收和消化，对经验的综合和运用，对未来的估计和推测，都可以在较短的时间内完成，并形成明确的指令。

要做到这一点，领导者必须有迅速作出判断的能力和选择的能力；有敢于对事情后果负责的勇气和魄力。瞻前顾后，畏畏缩缩，"一停、二看、三通过"的人，不可能成为一个好的领导者。

1983年，当时担任紫光实业有限公司（1984年改名为中国光大集团有限公司）董事长的王光英抓住被别人忽视的信息，购进1500辆二手车，为国家净赚了2500万美元。

有一天，王光英看到手下一名工作人员呈上的一份详细报告，该报告称：智利一家倒闭的铜矿急于还债，需要处理一批二手车。这批汽车是倒闭之前，矿主为了加大工程进度，采购的名牌车，有德国"奔驰"、美国"道齐"，总数为1500辆。

王光英马上精准地认为，机会来了！他火速派人与矿山老板取得了联系，表示了买车的意愿。与此同时，还立即派遣专家与工作人员组成的团队去进行交涉。临行前，王光英又告诉他们，要有勇气，要相信我们的判断力，不要事事请示，只要你们认为车好价格好，立即拍板成交。他诙谐地引用了中国的古语："将在外，军令有所不受。"

这位矿主虽说已破产，可他对即将出手的1500辆车的保护实在令人感动。这些卡车载重7吨到30吨不等，矿主专门包租了一个体育场，将这些车整整齐齐地摆放在这里，而且他让工人将所有的车都细心地涂抹了防锈油。专家组人员看到这些车时，不禁齐声赞叹。经过仔细的检验，各项指标均令人满意。

矿主还债心切，对这批来自中国的采购专家非常热情，并告诉专家，这些车停在体育场，还雇了警卫人员，怕有人盗车。在紧张地讨价还价之后，矿主与光大实业公司专家组达成了以原价三七折的价格成交的协议。

就在专家组与矿主达成协议，1500辆车属于光大之后，一位美国企业家也到达了智利，她表示希望能将这批车转卖给她，并愿为此支付300万美元的报酬，但她确实晚了。因为这时王光英已向专家组下达了另一项命令：马上将车监运回国，分别抵达上海港、青岛港、天津港。这令那位与智利同处西半球的美国企业家痛惜不已，只能眼睁睁地望着这批崭新的二手车由巨轮运往中国。在王光英的成功运筹下，1500辆新车为国家净赚2500万美元。

王光英的这次果敢决策，为国家净赚了2500万美元。试想，如果他面对信息时犹豫不决，瞻前顾后，那批车肯定就被那位美国企业家捷足先登买走了，2500万美元也会进了别人腰包。

因此，对于领导者而言，作出决策的时机极为重要。决策正确，但机会错过了，会使决策效果大打折扣。领导者千万要记得：优柔寡断与婆婆妈妈是决策的致命伤，有勇气的领导者才能成就卓越。

在情绪激动的时候不作决策

个体在受到某种刺激时，身心处于一种激动状态，即我们说的情绪。情绪是个体的一种身心体验，个体本身却不能完全控制由情绪引起的生理变化和行为反应。处于决策地位的领导者，他的情绪会对决策产生重要影响，有时甚至能左右决策的结果。这是为什么呢？

首先，从理性和非理性的关系来看，在大多数决策的过程中，情感所占的比重绝不亚于理性所占的比重。从实证角度讲，人是一种"社会人"、"复杂人"、"情绪人"，人的许多决策和行为，往往要受意志、情感、欲望等"非理性"因素的影响，或是依经验、习惯、习俗等进行。

其次，情绪的状态不容易控制。情绪经验的产生，虽然与个人的认知有关，但是一个人在情绪状态下伴随产生的生理变化与行为反应，却是无法自我控制的。特别在喜、怒、哀、乐、惧、爱、恨时，这种表现会更加明显，所以我们强调情绪十分高涨或十分低落时决策者都不要作决策。

而且，在现实中，无论什么人办什么事，最为忌讳的就是遇事不冷静，突然发生紧张冲动或暴怒的情绪，这些不良情绪所引发的恶果给决策带来的副作用很大。因为盛怒之下的表态批评训斥之后，常常容易作出带有裁制性的断言惩罚与处分。这时的冲动情绪一旦落实在决策中就必然失误，最终为此付出的代价也将无法估量。古今中外都有无数这样的事例。

刘备听到关羽被杀害的消息，悲伤得晕倒在地上，醒来之后便发誓要为关羽报仇。诸葛亮劝他不要冲动，但他一点也听不进去，每天都只顾着操练士兵，想着要去攻打吴国为关羽报仇。

同样心情不好的还有蜀国大将军张飞，他伤心得每天喝酒，喝醉之后就乱发脾气，动不动就鞭打士兵，甚至有几个士兵都被打死了。他的手下一个个战战兢兢，害怕下一个被打的人就是自己。部下范疆和张达整日忙着赶做在战场上祭奠关羽所用的白色盔甲，但是时间紧迫，他们不得不请求宽容几天。不料，张飞大怒，让士兵们把他俩绑在树上并

狠狠地鞭打，还说："如果明天准备不好，就要你们的脑袋！"

范疆和张达两人被打得浑身是血，回去后非常害怕。范疆说："怎么办呢？如果明天完不成。我们肯定会被杀死！"

张达说："不如我们先杀掉他！"到了晚上，张飞又喝醉了。范疆和张达两人便趁着张飞酒醉不备，连夜潜入张飞帐中将他杀死，并拿着张飞的首级，率领数十叛军投奔了吴国。

由此可见，人在情绪激动时，不能思考问题，更不宜讨论事情作出重大决议。

一般而言，领导者情绪失控时，应该牢记以下两点：

1. 冷静下来

生理学研究指出，当人在情绪失控时，脑中往往会产生极度缺氧的情况。因此，此时的决策或行为往往不是我们意识所能控制的。所以，此时的领导者千万要让自己冷静下来！一方面让自己极度缺氧的大脑多吸收一点氧气以免作出事后会"后悔莫及"的举动；另一方面更要沉淀心中那股冲动的情绪。

2. 赶紧跳脱引发情绪失控的情境

人在"情绪失控"时会作出一些非理性行为或决策的原因之一，就是陷入当时引发情绪失控的情境之中。因此，领导者一旦察觉到情绪已经有点失控时，应立刻跳离当下的情境，以避开引发情绪失控的刺激。唯有如此，才能避免陷入"愈想愈气"这种情绪失控的螺旋陷阱里。

身为领导者，应该学会了解自己的情绪，甚至驾驭自己的情绪，使自己的智慧与情绪相结合，进而作好决策。

在决策中多一点逆向思维

领导者在作决策的时候，需要多一点的"逆向思维"。老子曰："反者道之动。"意思是万事万物总是以相反相成的形式互相促进，向前发展，这也就说明了领导者一定要具体问题具体分析，绝不能墨守成规。

哲学研究表明，任何事物都包括着对立的两个方面，这两个方面又相互依存于一个统一体中。人们在认识事物的过程中，实际上是同时与其正反两个方面打交道，只不过由于日常生活中人们往往养成一种习惯性思维方式，即只看其中的一方面，而忽视另一方面。如果能逆向思维，从反面想问题，便能得出一些创新性的设想。

逆向思维法是指为实现某一创新或解决某一因常规思路难以解决的问题，而采取反向思维寻求解决问题的方法。

例如，在企业管理决策上，国外一些有才干的企业家很推崇运用逆向思维的方法。他们认为，现在世界上的一切变化都很快，如果你总是用老眼光，只会用常规的方法，那就势必落后，导致失败，因此必须重视运用反常规的思考方法。在20世纪初，美国福特汽车公司总经理福特就提出过这样的观点：一个人按照常规的办法办事，在生活上是可以的，但在经营上却是注定要失败的。

为了克服固定的、习惯性思维的消极作用，决策者应该时常提醒自己："从逆向去思考会怎样？"对有些问题还可以大胆地问一下自己："反过来试试行不行？"

一位叫德瑞克的美国人，发现了从石油中可以分离出代替鲸油的煤油。这个发现在当时肯定是一个发财的好点子，但是他面临着一个头痛的问题，那就是如何将地底下的石油采集上来。

为此事烦恼很久的德瑞克先生，有一天突然听到了附近的一个农户正在抱怨，在地下打的水井，总是渗入了讨厌的石油，弄得水井无法使用。在这一瞬间，德瑞克先生脑袋一转。这不正是一个绝妙的好方法！只要用打水井的方法，在地下钻一个井，不就可以像抽水一般，抽取石油吗？

但是欣喜若狂的德瑞克将这个设想说出来之后，却引来了一片嘲笑声。因为这在当时人们的眼里，简直就是天方夜谭。用水井怎么可能抽取出石油呢？没有被嘲笑声吓倒的德瑞克先生，决定尝试一下，他在宾州的一块土地上，开挖了世界上第一口钻井。

没多久，他就成功了。钻井里涌出了源源不断的石油，那里更成为了世界上第一块油田。而直至今天，全世界都还在使用着他所构想出来的钻井方法。

对于农民来说，水井中涌入这种可恶的石油，的确是一件令人讨厌的事情；但是对于德瑞克来说，却正是解决难题的良方。

也许，换一种想法，多一条思路，正确的决策就找到了。因此，决策者在思考问题的时候，要试着跳出传统思维的怪圈，认清问题背后的问题，抓住问题中的机遇。说不定，转个弯就是另一个商机。

在20世纪80年代初，美国人吃黄豆制品蔚然成风，随之而来的是

对豆制品加工机械的需求日益增长。然而，美国机械制造商那时只专注于科技含量高、先进的机械产品，没有厂家愿意搞这些简单、"落后"的加工机械。此时，有位台湾机械制造厂商瞄准了这块被美国人丢弃的"荒地"，迅速开发制造出豆制品加工机械，结果抓住了大洋彼岸的这一市场契机，捷足先登，很快占领了美国市场，仅当年的创汇额就达1000多万美元。

从这个成功的实践中我们不难看出，"人弃之处"或许正蕴藏着勃勃的商机，经营者只要细心挖掘、用心寻找，在"垃圾里淘出金子"又有什么不可能的呢？

日本丰田公司总裁丰田喜一郎说："我这个人如果说取得了一点成功的话，是因为我什么问题都爱倒过来思考。"事实证明，企业决策中巧妙地运用逆向思维，常会取得出人意料的成果。

逆向思维是创新突变的根本方式。对于领导者而言，从逆向思维入手，解决棘手问题，应是化解矛盾的最好方法。运用逆向思维去思考和处理问题，实际上就是以"出奇"去达到"制胜"。因此，逆向思维的结果常常会令人大吃一惊，喜出望外，另有所得。

舍得小事，干成大事

领导是一个团队的首领，是一个组织的灵魂，他们的每一个决策都应该是关乎团队生存与发展的大事，而不应该拘泥于那些鸡毛蒜皮的小事。凡是拘泥于细枝末节的领导者，一般不会有什么大作为。

战国时期，魏国有一个国君每天都勤于政事，他制定了严格的法律，规定什么可以做，什么不可以做，如果人们违反了，将会受到严厉的处罚。他制定的法律可谓多如牛毛，甚至连人们在大路上走路的姿势都作了严格规定，镂刻法律的竹简堆满宫中，人们几乎连走路的地方都没有了。这样他还是不能够满意，又精心选派了一大批官吏，严格规定了相关工作制度。并且自己每天也都要到各处巡查，监督各级官吏履行职责的情况。官吏稍有违背之处，他就大发雷霆，动辄撤职。

魏王这样认真负责地管理国家，可是效果却并不尽如人意，贪官污吏层出不穷，老百姓生活极其艰苦，盗匪迭起，社会秩序混乱不堪。魏王为此十分苦恼，却又无计可施。他听说当时的思想家杨朱满腹经纶，于是就向杨朱请教。

杨朱听魏王诉说完苦闷，就给他讲起如何治理国家。他说："能吞下大船的鱼不在支流中浮游，鸿鹄只在高天上飞，不会落在低矮的屋檐上。这是什么原因呢？因为它们志向高远。黄钟大吕这样的乐器不和繁杂的乐音合奏，这又是什么原因呢？因为那是高亢的乐律。所以成大事者不拘小节。今天君王你身居高位，想成就大业，可是事无巨细，什么小事都管，做出越俎代庖的事来，你说这样怎么能把国家治理好呢？"一番话说得魏王口服心服。

作为组织的灵魂人物，领导者应该非大事而不可为。因此领导者决不能把自己看作一个做具体事务的一般职员。在管理学上，虽有"细节决定成败"的说法，但这只说明一种认真负责的工作态度，而不是叫大家都去做小事。

西汉有一个丞相叫丙吉。有一天，他到长安城外视察，碰到路边

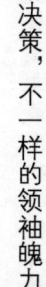

有人打架斗殴，把人打死了。人们看到丞相出巡，有人便拦轿喊冤。丙吉吩咐绕道而行，不要管他。走了不远，丙吉看到一头牛在路边直喘气，于是命轿夫停轿，他走出轿，围着这头牛转了好几圈，左看右看。人们看到后都说"丞相关心牛远远胜过关心人"。对于人们的质疑，丙吉解释说："我是丞相，打架斗殴，自有地方官按律处理，我不能越权去过问。现在天气还不够热，这头牛就在喘气，我怀疑今年会有大瘟疫流行，预防瘟疫流行是天下大事，丞相应该管。"

丙吉干自己该干的大事，将小事让下属去各司其职，使得各级官员职责分明，上下有序，朝廷大政井井有条。据《汉书》记载：丙吉辅政时，国家一天比一天繁荣富庶，广大百姓安居乐业，社会风气良好，连刑狱案件都很少发生，史称"昭宣中兴"。

其实，对于领导者而言，最大的浪费，就是把宝贵的精力无谓地分散在许多事情上。毕竟一个人的精力是十分有限的，想要面面俱到是不可能的。所以，领导者不要仅拘泥于琐碎的日常事务，而要放眼未来，总揽全局，干好自己该干的大事，才能让事业更上一层楼。

决策的素质要求

领导是肩负着决策、指挥、组织、协调控制、监督和教育等重要职责的人才，是决策系统主观能力的体现者。领导者的思想观念、知识水平、决策能力等对社会的发展和命运有直接影响。国家的竞争、民族的竞争，归根到底是人才的竞争。在知识经济时代，对领导者的素质提出了更为严格的要求：

1. 领导决策者应具有卓越的政治道德素质

领导决策者应当树立正确的世界观，能够运用社会发展的一般规律，站在历史的高度，善于借鉴社会发展史上的经验教训，善于观察当今人类社会发展的新动向，科学预见并正确地把握社会发展趋势。这样领导决策者才能作出顺应历史潮流的、对祖国和人民负责的科学决策。

2. 领导决策者应具有渊博的专业知识素质

知识经济是以知识、技术和信息为基础的，谁具有现代科学知识，谁就能在社会中"闲庭信步"。领导决策者必须具有丰富的专业知识素养。一是基础科学知识，如基础科学文化知识、政策法规知识等；二是领导决策专业知识，如领导科学知识、现代科技知识、社会主义市场经济知识等；三是其他相关知识，如历史知识、新学科知识、社会学知识、心理学知识等。领导决策者掌握的这些知识应当是不断更新的、结构合理的知识体系。此外，在知识经济时代，决策者不仅要有更广博的知识，要有更新的观念，并且要有快速把握科技创新动态的能力。

3. 领导决策者应具有高超的能力素质

领导决策者的能力是他们的内在素质与外部事物相结合的外在表现，是领导决策者履行职责的前提和关键。在知识经济时代，尤其要强调领导决策者的如下三种能力：一是决策能力，包括善于使用专家智囊、正确分析形势、能够当机立断等；二是用人能力，即能够爱才、求才，善于举才、用才、养才和护才等；三是创造才能。

4. 领导决策者应具有超群的心理素质

美国前总统尼克松在《领导者》一书中写道："有建树的领导人物应该具备的最重要特征包括：聪明过人、勇气、勤奋、坚韧、有判断力、对伟大的事业的献身精神以及一定的魄力。"这里强调的是领导决策者的心理素质。优秀的领导决策者应当是具有强烈的高层次的需求与动机及成就愿望、开放的观念、丰富的想象力、坚强的意志、稳定的情绪、优良的自我意识、适度的性格类型，具有优秀的个性与气质品质。

领导的心理素质对其管理工作有些起积极作用，而有些则起消极作用，如优柔寡断、急躁、因循守旧、沉默自持等会降低领导者的工作效率。作为领导者应充分利用道德上的自觉性来发展心理上的积极因素。许多心理学家的研究分析表明，具有创新精神的开拓型领导者，他们在气质、性格等方面有一些相似的特点。首先，他们普遍具备勇于决断的气质。在企业日常事物的处理中，经常会遇到一些纠缠不清的问题，此时领导者必须有"快刀斩乱麻"的决断能力，以提高工作效率。此外，企业经常会面对一些转瞬即逝的机遇，这也要求领导者能迅速做出判断与决策，抓住每一个可以利用的机会。

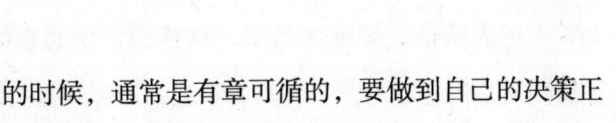

成功决策行动指南

领导者在做决策的时候，通常是有章可循的，要做到自己的决策正确无误，不妨从以下几点做起：

1.发现问题，确定目标

领导决策都是为了解决某个问题，那么这个问题存不存在，问题是什么，做出某个决策要达到什么目标，这些都是领导决策首先要解决的问题。所以，决策者要善于从繁杂的信息中，确认和发现问题。在决策中，一个成功的决策者要从全局出发，以战略的眼光，用系统的方法，对诸多问题进行加工、处理，从中提炼出决策目标。这个决策目标要明确具体、主次分明，还要考虑约束条件、最优化、可行性等。

2.集思广益，拟订方案

制定出多种决策方案，这是决策成功的基础。在制定方案的过程中，要注意决策方案的多样性、差异性、民主性等。首先，决策时应尽量提出多种方案，尽力避免只有一个方案的唯一选择。因为方案多了才能比较和鉴别，才能从中选出最好的方案。这就要求决策者要开阔思路，大胆地提出尽可能多而全面的方案，尽量把各种因素、各个方面的可能都考虑在内。

其次，要注意使多种方案具有原则上的区别，而不能只有细节上或形式上的差异。只有这样，方案才不会雷同，才具有选择的意义。

再次，要注意决策的民主性。

龚自珍认为，论资排辈的用人制度阻碍了人才的发掘，导致了"朝廷无才相、地方无才吏、边关无才将、田野无才农、集市无才商、山林无才盗、陌巷无才偷"的荒唐局面，所以他疾呼"我劝天公重抖擞，不拘一格降人才"。尽管一百多年过去了，龚自珍老先生的声音犹旋在耳！

3. 不分亲疏

不任人唯亲，要唯才是举，这样的话说起来简单，但领导者要真正做到又是何等艰难。只有具有顽强的意志和极高的情操，才能克服私心、私欲，真正做到任人唯贤。卡尔诺将军在拿破仑执政前，曾竭力反对拿破仑当"第一执政"和皇帝。几年后，当他愿为拿破仑效力时，拿破仑即任命他为安特卫普总督，之后又任命他为内务大臣。知人善任，不拘一格，使拿破仑成了统率劲旅、横扫千军的旷世伟人。

4. 不藏私心

领导者要避免用人唯亲的错误，就要做到"内举不避亲，外举不避仇"，要有公正之心，不能藏有私心，不能为了立山头、拉帮派或者打击异己而失去了公正。领导者能否做到公心选才，既关系到人才的命运，也关乎自己的命运。如果领导者只凭个人好恶、亲疏、恩怨、得失来识人用人，一方面会使德才平庸、善于投机取巧的人得到重用，另一方面又会埋没一些德才兼备的人。

5. 不管门第

"英雄问何处，当初皆贫寒。"大凡贤能之士多产生于卑贱贫苦人家，只有独具慧眼的领导才能发现、任用、提拔他们。

比如汉代的朱买臣，家里很穷，靠砍柴卖柴来维持生活，他妻子

吵着要离婚，这在封建社会对一个男人而言，实在是莫大的耻辱。但朱买臣不以为然，继续背他的书。后来严助向皇帝推荐了朱买臣，他被召见，同汉武帝谈论《春秋》、《楚辞》，汉武帝十分赏识他，提拔他当了会稽太守。

6. 不迷表象

真正具有真才实学的人才往往是大智若愚的，而那些多少有点才的人往往善于言谈，这让领导者很难辨别谁是真正的人才。赵孝成王重用纸上谈兵的赵括，诸葛亮轻信志大才疏的马谡，都是因为被其光鲜的外表所迷惑了，犯了识别人才时的一个常见错误——"耳目之误"。

领导者在识别人才时，千万不能被表面现象所迷惑，要从工作实践中去观察其能力，从工作业绩中去判断其水平。

7. 不重资历

没有出名的"小人物"一开始总容易被人看不起。

如法国年轻的数学家伽罗华17岁时写出关于高次方程代数解法的文章，进到法兰西科学院，没有受到重视。20岁时，他第三次将论文寄去，审稿人渡松院士看过之后的结论是"完全不可理解！"又如美国科学家贝尔想发明电话，他将自己的想法说给一位有名的电报技师听，那位技师认为贝尔的想法是天大的笑话，还讥讽说："正常人的胆囊是附在肝脏上的。"

如果领导者能从以上方面加以注意，相信所做出的决策一定会为人所佩服。

第四章

团结，在团队合作中彰显领导力

团结就是力量，这种力量在平时似乎感觉不到它的强大，然而越是在危难的时候，越显示出它的不凡。团结的力量足以让灾难为之让步，足以让死神为之动容，大爱无声，却可以感动天地，创造奇迹。

下面让我们一起领悟团结合作的精神，永远告别那个个人英雄主义的时代！

我们需要与别人合作

　　北美有一种生存时间最长、最具生命力的植物——红杉。它的生命力之所以顽强，就是因为它们的生存隐含了一种"团队合作"的力量。这种力量坚不可摧！

　　美国加州的红杉，其高度大约是90米，相当于30层楼高。

　　科学家深入研究红杉的过程中发现许多奇特的事实。一般来说，越高大的植物，它的根理应扎得越深，红杉的根只是浅浅地浮在地面而已。理论上，根扎得不够深的高大植物是非常脆弱的，只要一阵大风，就能将它连根拔起，可红杉又为何能长得如此高大，且屹立不倒呢？

　　研究发现，红杉必定生长在一大片的红杉林中，并没有独立生长的红杉。这一大片红杉彼此的根紧密相连，一株接着一株，结成一大片。自然界中再大的飓风，也无法撼动几千株根部紧密连接、占地超过上千公顷的红杉林。除非飓风强到足以将整块地皮掀起，否则再也没有任何自然力量可以动红杉分毫。

　　红杉的浅根，正是它能长得如此高大的利器。它的根浮于地表，方便快速而大量地吸收赖以生长的水分。同时，它也不需耗费过多能量——一般植物扎下深根，用深根的能量来向上生长。

造物主在世界各地为人们留下成功的启示，只看我们是否能够体会与领悟。

既然连植物都用"合作"而增强生命力，为什么人类就不可以呢？成功不能只靠自己的强大，成功需依靠别人，只有帮助更多人成功，你自己才能更成功。

作为社会中的一员，谁也不能总是单独行动，有些事情靠一个人的力量是无法完成的。因为，每个人的能力总是有限的。

有些人精力旺盛，认为没有自己做不到的事。其实，精力再充沛，个人的能力也还是有一个限度的。超过这个限度，就是人所不能及的，也就是你的短处了。

每个人都有自己的长处，同时也有自己的不足，这就要与人合作，用他人之长补己之短，养成合作的习惯。

从前，有两个饥饿的人得到了一位长者的恩赐：一根鱼竿和一篓鲜活硕大的鱼。其中，一个人要了一篓鱼，另一个要了一根鱼竿。之后他们便分道扬镳了。

得到鱼的人原地就用干柴搭起篝火煮起了鱼，他狼吞虎咽，还没有品出鲜鱼的肉香，转瞬间，连鱼带汤就被他吃了个精光，过了一段日子，他便饿死在空空的鱼篓旁。

另一个人则提着鱼竿继续忍饥挨饿，一步步艰难地向海边走去，可当他已经看到不远处那蔚蓝色的海洋时，已经饿得浑身没有一点力气，只能眼巴巴地带着无尽的遗憾撒手人间。

又有两个饥饿的人，他们同样得到了长者恩赐的一根鱼竿和一篓鱼。只是他们并没有各奔东西，而是商定共同去寻找大海。他俩每次只煮一条鱼，经过长途跋涉，终于来到了海边。从此，两人开始过上以捕鱼为生的日子。几年后，他们盖起了房子，有了各自的家庭、子女，有了自己建造的渔船，过上了幸福安康的生活。

这个故事告诉青少年朋友，在面临困境时，无论你的眼光是短浅还是长远，依靠自己一个人的力量往往很难摆脱困难。只有合作，产生一种"合力"，才能取长补短，进而帮助你渡过难关，最后获得成功。

而且，合作可以产生双重的好处。一方面可使青少年朋友获得生活的一切需求享受；另一方面可使你的内心获得平静，这是贪婪者永远无法得到的。

有时，人们总在感叹为什么自己的付出没有得到等量的回报，实际上也并不是你的付出不够多，而是你忽略了与别人的合作。合作往往能产生意想不到的结果，而这一点却总是被人们忽略。

三个和尚在破庙里相遇。"这庙为什么荒废了？"不知是谁提出了问题。

"必是和尚不虔诚，所以菩萨不灵。"甲和尚说。

"必是和尚不勤，所以庙宇不修。"乙和尚说。

"必是和尚不敬，所以香客不多。"丙和尚说。

三人争执不下，最后决定留下来各尽所能，看看谁能最成功。

于是甲和尚礼佛念经，乙和尚整理庙务，丙和尚化缘讲经。果然香火渐盛，原来的庙宇也恢复了昔日的辉煌。

"都因我礼佛虔心，所以菩萨显灵。"甲和尚说。

"都因我勤加管理，所以庙务周全。"乙和尚说。

"都因我劝世奔走，所以香客众多。"丙和尚说。

三人日夜争论不休，庙里的盛况又逐渐消失了。

这是大家一眼就能看出的道理，庙宇香火渐盛的原因，正是他们三个人的合作。可惜，直到三人分道扬镳也没有搞清楚这个简单的道理。

领导力

你就是未来最卓越的领导者

领导力不是个人英雄主义

巴顿将军是西点毕业的将军中比较著名和个性独特的一位，他的个人风格非常明显，但是与人们想象的不同的是，他完全不是一个个人英雄主义者，他非常强调团队的力量，并且懂得笼络人心，知道怎样把大家的力量拧成一股绳。

二战时，巴顿经常到军区的医院去给伤员鼓劲加油。当时美军在特洛伊伤亡不少，士气有些低落，于是巴顿带着40枚紫心奖章直奔战地医院。

他先是看到一位胸部受伤的士兵，大声说道："好极了！我可是刚看到一个德国士兵既没有胸膛也没有脑袋呢！而且，我要告诉大家一个振奋人心的消息，相信你们听到这个消息会觉得自己的伤特别值得。因为你们，就是英勇的你们，已经解决了8万多的敌人，或直接干掉或俘虏。而且这只是官方的数字，我观察了一下，实际数字恐怕要多很多！小伙子，赶紧养好伤，战场上还需要你！"

接着巴顿走到另外一名戴着氧气罩的士兵身边，只见这位士兵已经处于昏迷之中。于是巴顿脱下头盔，跪在士兵床前为他戴上了一枚紫心勋章，并在士兵耳边说着一些鼓励的话语。

病房中所有的将士对于巴顿的鼓励都非常感动，而且巴顿非常体恤下属，他曾经和上级说过："凡是受伤三次的士兵，应该立即送回美国，因为他们已经为国家尽力了。"

巴顿以体能和个人作战能力著称，但事实上，他在团队建设上更有建树，他在战场上带队伍时奖罚分明，有许多的举措都为人们所津津乐道。

有一次巴顿在病房慰问伤员，临走时，突然发现病床上躺着一个文弱的年轻人，仅仅服役8个月，看不出哪里受伤。巴顿走过去拿起年轻人的病历看了一眼后勃然大怒。因为那年轻人并没有真的受伤，而是向医生声称自己不舒服，才得以休息，而医生诊断后只能判断其患有"忧郁型精神病"。很明显，这个年轻人只是患有"胆小惧怕上战场"的病症。

巴顿一把将这年轻人从病床上拖起来扔了出去，并下令立即将这年轻人送往前线。病房中的士兵都非常惊讶，因为这样做巴顿可能会受到弹劾。这件事情确实曾经被美国媒体揪出来攻击巴顿，然而这年轻人却主动提出不想再纠缠此事。据说后来，这位年轻人在前线立下不少功劳，还获得了紫心奖章。

也有很多媒体非常支持巴顿的举措，因为在战场上，如果纵容变相的逃兵，那么将会是对那些敢打敢拼的战士士气的一种打击，如同巴顿这样处理问题，更能够让大家变得齐心协力同仇敌忾，因此巴顿这样做绝不是因为脾气暴躁或是为了逞一时英雄之勇。

当今时代，是一个以追求团队绩效为主的世界，个人单打独斗的时代已经渐渐远去，团队合作将越来越频繁地被世人重复再重复。"单人不成阵，独木难成林"，比起单纯的个人英雄主义，拥有团队意识、善于团队合作的人无疑在学校中能够受到更多同学的欢迎和老

领导力

你就是未来最卓越的领导者

师的认可。

当然，每个人心中难免都存有一些个人英雄主义的色彩，希冀能够得到别人的认同，渴望自己受到关注，这是很正常的心态。千百年来，英雄总是为世人所称颂。

但与此同时，英雄个人本领再高，还是离不开民众的支持和部属的努力。俗话说，"一个好汉三个帮"、"红花还需绿叶扶"，英雄若没有背后强大的力量支持，即使他本领再大，也无法翻手为云，覆手为雨，更何况是在如今一个讲求合作，重视团队，注重沟通和交流的信息时代。

想知道海豚是如何捕食的吗？当它们看到海洋深处游动着一个很大的鱼群时，即使非常饥饿也不会欣喜若狂地立马冲向鱼群，因为如果那样做的话，鱼群就会被冲散。

那么海豚会怎么做呢？它们会尾随在鱼群后面慢慢游动，并用特有的声音"吱、吱……"向大海的远方发出信号。于是，一只、两只、三只……越来越多的伙伴们游过来，加入整个队伍中并且一同发出讯号。当整个团队增加到50位成员的时候，它们依然没有停止；直到海豚的数量汇聚到100以上的时候，奇迹发生了：所有的海豚将围着鱼群团团环绕，形成一个球状体把鱼群全部围绕在中心。然后，它们分成小组并且秩序井然地冲进球形中央，慌乱的鱼群无路可逃，只能变成这些海豚的腹中佳肴。当中间的海豚饱餐之后，它们就会游到外围替换在外面工作的伙伴，让它们进去享受美餐。如此这般不断地循环往复，直到每一位成员都美美地饱餐一顿。

试想，如果一只海豚发现了美食之后便急于求成，冲向前去猎食，即使它能抓住小鱼两三条，或许也难以填饱肚子，而更多的"猎物"则在它捕食同伴的时候意识到自己的危险境地而迅即溜走了。

个体的力量终究是有限的，唯有团结起来协同作战，才能造就一个成功的团队，进而反过来成就团队所有个体的成功。在海豚的世界中，它们早已清楚地认识到了这一真理并且积极地付诸实际行动。作为一名优秀的领导者，一定要善于让自己领导的团队聚拢在一起，真正发挥团队的优势。

曾经听过这样一则寓言：在非洲的草原上，如果见到羚羊在奔逃，那一定是狮子来了；如果见到狮子在躲避，那一定是象群在发怒了；如果见到成百上千的狮子和大象集体逃命的壮观景象，那就意味着整个蚂蚁军团来了。

蚂蚁军团的强大力量就在于此！纵然每一只小蚂蚁的力量在我们看来无异于一滴水之于整个大海，不过是微乎其微，起不了任何作用，但成千上万的蚂蚁聚集在一起组成一个庞大的蚂蚁军团，就仿佛无数滴水汇成一条溪流甚至是汪洋大海，其力量便不容小觑了。

发现团队的"短板"

一般情况下我们习惯性地认为："人多力量大。"所谓"一人技短，二人技长"，所谓"三个臭皮匠，胜过诸葛亮"等。可见，群体意识自古有之。但是，经过有关专家长期的测试和分析，发现在群体之中，"人多"并不一定意味着"力量大"，其结论甚至有可能恰恰相反。

科学家瑞格尔曼曾经做了一个著名的拉绳实验。参与测试的人员被分成四组，每组的人数分别为1人、2人、3人和8人。瑞格尔曼要求各组用尽全力去拉绳，同时用灵敏的测力器分别测量各组的拉力。测量的结果颇有些出乎人们的意料：

2人组的拉力是单独拉绳时两人拉力总和的95％；

3人组的拉力是单独拉绳时三人拉力总和的85％；

8人组的拉力则降到单独拉绳时八人拉力总和的49％！

这个结果无疑说明了这样一个事实：在群体组织中，并不必然会得出1+1＞2的结果，一个普通的团队人数再多，并不必然能够战胜一个成员不多而真正高效的团队。1+1=2甚至1+1＜2，都是有可能存在的。

下面这个故事，或许能够为我们揭开其中的原委。

天鹅、狗鱼和虾想要一同拉动一辆装有东西的货车，于是它们三个套上车索，拼命地用力拉。可大家使出了浑身力气，车子浑然不动。

其实，车上装的货物并不算重，只是天鹅套着车索拼命向云里冲，虾则尽是向后倒拖，而狗鱼则直往水里拉动。

天鹅、狗鱼和虾，我们很难说究竟哪个是对哪个是错，总之，最终的结果是：车子还停留在老地方。

同样，如果一个群体中的每个成员都各自为战，完全按着自己的喜好、自己的意志去做，那么纵然他们的大方向一致，也会因其互相之间的不协调而使自己所施展的力量化于无形，甚至起到反作用，最终无法走向共同的目标。

由此可见，力量的强大并不完全取决于群体中个体数量的多寡，组织内的成员如果不能协调一致地行动，就会很容易产生内耗，必然无法产生整体大于部分之和的协同效应。

只有抱团合作才能共同撑起一片天，个人能力的充分发挥，还需

要依赖整个集体的合作；过分夸大任何个体的作用，到最后都将被证明只是一个笑话。

从前，有一位长者听到五个手指在议论：

大拇指说："我最粗，干什么事都离不开我，别的四个手指都没用。"

食指说："大拇指太粗，中指太长，无名指太细，小拇指太短，他们都不行。"

中指说："我的个子最高，只要我一个人就能做很多事。"

无名指说："人们都喜欢我，把戒指戴在我的身上，我最有用。"

小指说："他们长得那么长、那么粗，有什么用？我是小而灵，我的作用最大。"

长者听了它们的对话，语重心长地说："你们都说自己最有用，那么我就请你们来比一比，看看到底谁的作用大。"

这位长者拿出两只碗，其中一只里面放了一些小豆子，要求五只手指分别把这些小豆子拿到另一只碗里。结果可想而知，没有一只手指能完成这件事。

五只手指只有共同合作才有可能完成任务，如果相互之间无法实现协调，各自为政，必然步履维艰，处处碰壁。就连60年代最"个人英雄"的球王贝利也曾表过态："将比赛带向胜利的不是球星，而是那个团队。棒球虽然可以凭借一个投球手取胜，但足球绝不可能。再怎么有

名的球员，能踢进一个球，也是因为有其他球员在适当的瞬间把球传给了他。"

我们都曾听过"三个和尚"的故事，"一个和尚挑水喝，两个和尚抬水喝，三个和尚没水喝"的谚语也已是妇孺皆知。为什么一个和尚有水喝而三个和尚反倒没水喝？那是因为三个和尚都有着同样一种心态，都想倚赖别人而不想自己出力，于是便在挑水的问题上互相推诿，结果是谁也不去挑水，最终使得大家都没有水喝。

生活在海边的人常常会看到这样一种有趣的现象：几只螃蟹从海里游到岸边，其中一只也许是想到岸上体验一下海洋以外世界的生活，于是它努力地往堤岸上爬，可它无论怎样努力，却始终无法爬到岸上去。当然，这并非因为那只螃蟹选择了错误的路线，也不是由于它的动作太过笨拙、行动太过迟缓——而是它的同伴们不容许它爬上去！

每当那只有所企图的螃蟹爬离水面并即将爬上堤岸之时，其他的螃蟹就会争相拖住它的后腿，把它重新拖回到海里。如此周而复始，最终谁也无法"逃出生天"。当然，如果你也曾偶尔看到一些爬上岸的海螃蟹，不用说，它们一定是单独行动才爬上来的。

所以说，如果常常拖别人后腿，那可就得当心自己在向前冲时，没准儿也前路坎坷陷阱重重。而那些愿意发扬团队精神，诚心诚意帮助他人的人，则会在前进的道路上获得许多助力。有些人向前冲时阻力重重，有些人却助力多多，你愿意当哪一种人呢？

一个木桶由许多块木板组成。如果组成木桶的木板长短不一，那么这个木桶的最大容量并不取决于桶壁上最高的那块木板，而恰恰受制于桶壁上最短的那块木板的高度——这就是"木桶定律"。

从"木桶定律"中所蕴含的启示，我们了解到，决定一个团队战斗力强弱的并不是那个能力最强、表现最好的人，而恰恰是那个能力最弱、表现最差的落后者。最短的木板对最长的木板起着限制作用，制约着整个团队的战斗力，影响着整个团队的综合实力。

一个团队之所以不同于群体，关键就在于它实现了"整合汇聚"。真正高效的团队就像一个聚光镜一样，可以将一束束阳光汇聚到一起，从而产生巨大的能量。

如果将一个人融入一个团队进行汇聚，就会产生更大的磁场效应。这种磁场效应不仅能把众人的力量凝聚在一起，而且还会产生场内每一个团队成员的个人力量都无法企及的强大感染力，使整个团队趋向于一个完美的整体。

作为团队成员，我们必须明白，只有一个完全发挥作用的团队才是一个最具竞争力的团队；而只有身处一个最具竞争力的团队之中，个体的价值才能获得最大程度的体现，团队的成功就是个人的成功。可见，作为团队的成员，每个人都具有一定的能量，而作为一个领导，就是一个激发团队，形成合力的人，这就是领导力的魅力。

在内部形成团结互助的精神

美国汽车制造业名人艾科卡认为，当一名成功的经营者，最重要的条件是"与人相处的能力"。

这是至理名言。

这句话的起源是艾科卡与足球教练蓝伯迪聊天，他向蓝伯迪请教获胜的秘诀。

教练说："好的球技固然必要，但最重要的还是默契。"

一言惊醒艾科卡。

他由此而领悟到，球队要团结，企业也要团结。企业队伍就是球队，同事之间必须融洽相处，共同向一个目标前进，事业焉能不成功。

从古至今，团结互助是社会发展的核心动力，更是企业立足之本、发展之需、传世之必备条件。

有三个士兵被困在沙漠中，还好他们都带了足够的食物，但每个人身上只有少量的水，很快，水就喝光了。这时候三个人都十分着急，但由于平时每个人都是非常自主的人，这个时候也都表现出了各自的想法，每个人都拿着自己的工具在自己觉得可能有水的地方埋头苦挖，从早到晚三个人都累得精疲力尽，但始终没有发现半点水。又过了一天，结果依然如此。第三天假如再挖不出水的话，可能大家都走不出沙漠了。已经到了第三天中午，情况依然没有改观。就在大家都在失望的时候，忽然有一个人大喊了一声："我看到了！"另外的两个人都跑了过来，果然依稀看到了一点水源的迹象，这时候三个人不由分说在这个地方大干起来，终于看到了水。在喝饱了以后，大家仿佛都明白了很多，并继续在这个地方深挖下去，接着他们都看到了更多的水，并让自己的水袋、肚子都饱满了起来。后来他们成了好朋友，一起走出了沙漠。

众人拾柴火焰高，一个人的力量是很渺小，可那么多人一起努力，力量还会小吗？团队精神是开往胜利的列车，是铺向成功的基石，是通向辉煌的路标。

联邦快递是创立最早、全球最大的航空快递公司，目前，它向包括中国在内的220个国家及地区提供24～48小时、门到门的快递运输服务。有统计显示，联邦快递每个工作日运送的包裹超过320万个，每年运送包裹总价值达到600多亿美元，全球拥有超过13.8万名员工、5万个投递点、671架飞机和4.1万辆车，并且通过互联网络与全球100多万客户保持密切的电子通信联系。

如此庞大的业务量靠的就是团队的精诚合作。在联邦快递遍布全球的物流网络上，有成千上万个团队，如负责销售的Sales团队、负责收派件的Courier团队、负责分检的Serviceagent团队、负责客户服务的800团队、负责调度的Dispatch团队，以及负责技术的团队和负责航空运输的团队，等等。这些团队成员每时每刻都在高度负责地传递着客户的包裹。如某个环节出现纰漏或失误，都可能给下一道工序造成连锁并且是成倍的压力，甚至可能给客户造成无法挽回的损失。用联邦快递员工的话说就是："与时间做斗争，而且要求准确无误。"

毫无疑问，这种环环相扣、时间连续、跨越区域的业务，没有一支庞大的具有精诚合作的团队是绝对不行的。

凭借这种巨大的团队力量，联邦快递获得了令人瞩目的成功。2004年，联邦快递公司被《财富》杂志评为2004年度"全球十大最受推崇公司"。正如联邦快递的创始人弗雷德·史密斯所说的："能够得到尽可能多的人的合作是创业成功的第四条秘密。"

北宋刘书在《刘子·兵术》中说："万人离心，不如百人同力。"宋人许洞也曾说："和于国，然后可以出军；和于军，然后可以出阵；和于阵，然后可以出战。"从这里我们可以认识到，一个群体团结的重要性。

因而，我们欲获发展成功，需要我们有团队合作精神，认同团结意识和伙伴意识，你绝对会受益匪浅。

俗语说："一个好汉三个帮。"要想得到帮助，首先自身要是

"好汉"。反过来，"好汉"只有充分认识到人才的重要性、尊重人才、礼遇人才，才能得到别人的帮助，才能将团队效应发挥到极致。

相互包容是合作的前提

每个人的性格、习惯都不尽相同，合作团队中的成员更是如此。大家有着共同的目标，却有着不同的行事习惯和风格，彼此之间往往会有诸多或大或小的摩擦，要想与合作对象顺利地达到目标，对于合作尺度的把握应该是比较巧妙的。相互包容是合作的前提。

一个宽容的人，能够对那些在意见、习惯和信仰方面与自己不同的人表示友好与接受。宽容最能够表现出一个人的耐心、谦恭、明智与深谋远虑，通过敞开心胸接受新观念和新资讯，往往可以使自己的知识更丰富，个性更完善，更具想象力。如果一个人只会封闭自己，那就无法接触到更多的信息，以及不同层面的思想。如果我们反过来，乐于接受新的观念，乐于对不同的声音表现出容忍、谅解与友善，那么我们就能不断地提升思维能力。

一天，刘邦在洛阳南宫边走边观望，只见一群人在宫内不远的水池边或坐或立，一个个都是武将打扮。他们互相交头接耳，像是在议论着什么。刘邦十分奇怪，便把张良找来问道："你知道他们在干什么吗？"

张良毫不迟疑地答道："这是要聚众谋反呢！"

刘邦一惊："为何要谋反？"

张良却很平静："陛下从一个布衣百姓起兵，与众将共取天下，现在所封的都是以前的老朋友和自家的亲族，所诛杀的都是自己平生最恨的人，这怎么不令人望而生畏呢？今日不得受封，以后难免被杀，朝不保夕，患得患失，当然要头脑发热，聚众谋反了。"

刘邦紧张起来："那怎么办呢？"

张良想了半晌，才提出一个问题："陛下平日在众将中有没有最恨的人呢？"

刘邦说："我最恨的就是雍齿。我起兵时，他无故降魏，以后又自魏降赵，再自赵降张耳。张耳投我时，才收容了他。现在灭楚不久，我又不便无故杀他，想来实在可恨。"

张良一听，立即说："好！立即把他封为侯，才可解除眼下的人心浮动。"

刘邦对张良是极端信任的，他对张良的话没有提出任何疑义，立即封雍齿为什邡侯。见雍齿也被封侯，那些未被封侯的将吏一个个都喜出望外："雍齿都能封侯，我们还有什么可顾虑的呢？"

事情真被张良言中了，这件事因此就这么轻易地化解了。

刘邦的这次论功封赏，体现了战争中以地位作用高低论功，在发现由此出现的一些矛盾后，又能以宽容为怀，化解矛盾，这种思考既保证了自己队伍中骨干积极性的发挥，又能做到队伍的基本稳定，的确是高明之举。

人与人之间有时候会因为某些利益问题发生矛盾，在矛盾面前，若能够有较大的气量，以宽容的态度去对待别人，将心比心，就会在时间的推移过程中，逐渐改变对方的态度，使得矛盾得到缓和。一旦与他

人发生矛盾，受到他人错误对待，应该有"单恋"的精神——不因对方对待自己态度上有错而改变自己初时的热情和真诚，始终不渝地以友好的感情对待对方。有了这种"单恋"的态度，便能唤起对方的醒悟与行动反馈。

要与他人合作得好，就必须做到不苛求合作者（当然，这并不是说对合作者一味地无原则地迁就），不吹毛求疵，多一点宽容忍让，做到勿以小恶弃人大美，勿以小恶忘人大恩，让合作者感到他工作的环境和谐、融洽，这样的合作能更加牢固、长久。

相互包容可以使人去除芥蒂与隔阂，以更坦荡和明朗的心怀面对彼此。相互包容可以促进大家的合作，使合作的效益达到最大化。

步入社会，青少年朋友要与各种各样的人接触、交往、合作。合作就要相互包容，在合作中发现他人的优点和长处，将之吸收过来，转变为自己的优势，并将这一优势发挥得淋漓尽致，这才是合作的真谛。

学会借鉴他人经验

有不少的青少年都可称得上是"追星族"。从影星周润发、成龙、梅格·瑞恩……到歌星麦当娜、杰克逊，再到球星迈克尔·乔丹、罗纳尔多……这些明星，男性大多英俊潇洒、风流倜傥，扮演的多是些义胆冲天、侠骨柔肠的铮铮铁汉；女性则羞花闭月、沉鱼落雁，扮演的也多是些娇媚可人、善良温柔的亭亭玉女；球星也都英姿勃勃、气质逼人，在赛场上更有翻云覆雨、左右全局之势。

"星"在追星族的心目中光芒闪耀，魅力无穷。

对于自己所崇拜的偶像，青少年们会看他主演的每一部影片，听他唱的每一首歌曲，对他的比赛更是一场不缺。

不仅如此，有的青少年朋友还疯狂地购买偶像的画册、唱片，收集有关偶像的一切资料；从生辰星座、身高体重、兴趣爱好、服装品牌到恋爱情史……各个方面都如数家珍。

除了时髦的各类明星外，其实在我们生活中，有一种永不陨落的巨星常常为我们所忽略——历史上的伟人。

如果我们能从伟人身上汲取力量，将汲取比"明星"更积极更健康的人生经验，使我们能更加良好地掌控自己的前进方向，发扬内在的精神力量与智慧。

青少年朋友，所谓的伟人并非只限于那些叱咤风云的著名人物，那些从社会底层起步，克服自身缺陷而成功的人物身上，有更值得我们学习的伟大品格。

享誉澳洲的约翰·库斯天生严重残疾，脊椎下部没有发育，两条腿没有成形，根本无法行走，也无法安装假肢。但是他并没有向命运屈服，相反他通过自己的努力和奋斗成为世界著名的残疾人演讲者。

约翰的演讲雄伟壮丽，思维清晰，富有幽默感。约翰有轮椅却从来不坐，而用双手行走。他有残障，却非常热爱体育运动。他曾是澳大利亚残疾网球赛的冠军，全国健康举重比赛的第二名。

约翰尽自己所能去做自己想做的事情，开车出游、健身、游泳、到世界各地演讲，过着和健全人差不多的生活。他告诉我们："坦然面对现实，然后努力进取，不要轻易对自己说不可能。"他曾经在澳洲对超过25万人和世界上超过10万人的企业及社团演讲过。在1997年世界著名演讲大师商务研讨会上，他和斯蒂芬·康威、布莱恩·茜希等国际著名演讲大师同台演讲，得到全场1.2万名热情听众经久不息的掌声。

普通人大都喜欢谈自己的成功经验和成功实例，而忘了面对或分析失败的关键。但伟人不同，他们现在的成功都是奠基于过去的失败，所以对自己的失败分析得更透彻。与伟人对话，你就会知道用何种方法来克服失败，从而促进我们的人生进步，使我们能够顺利实现梦想。

向伟人借鉴经验，可以避免走太多的弯路。伟人的经历已经告诉人们：哪条路布满荆棘，费力不讨好；哪条路较少险阻，可以顺利到达彼岸。向伟人借鉴经验，还可以学习到伟人的处世智慧和坚忍不拔的性格，使青少年朋友锻炼出坚强的个性，面对生活的困苦不退缩。

生活中，除了向伟人借鉴经验。青少年朋友还可以向身边的普通人借鉴经验。他们可以是你的长辈，可以是你的同学、朋友、合作者，甚至是竞争对手。

孔子说："三人行，必有我师焉。"老师随处可找，但一颗向他人虚心学习的心却难寻。每个人都有自己的优点长处与处世智慧，将这些借鉴过来，有利于青少年朋友更顺利地取得成功。

与人合作的过程，就是向他人借鉴经验的过程。

你往往会发现，你的合作伙伴有着另类的智慧，他或许推断能力高强，或许很有先见之明，或许逆向思维超群，而这些都是你所欠缺的。那么，合作正为你提供了一个向别人借鉴经验的机会。现在你需要做的就是：拿出你的热情与诚心，保持平和的心态，虚心地向别人学习。

没有完美的个人，只有完美的团队

在西点军校体育馆的墙上，有这样的口号：

今天，在友谊的运动场上，我们播下种子；

明天，在战场上，我们将收获胜利的果实。

西点军校设置了大量的团队活动来帮助学生建立友谊和团队精神。而所有活动中最为著名的就是西点军校的"毕业墙"。西点军校第四十六期毕业生有这样一个惊心动魄的故事：

在西点军校第四十六期学员毕业的前一天晚上，他们执行离校前的最后一次水上巡逻任务。或许因为这是最后一次巡逻任务，因此学员们有所疏忽，巡逻艇撞上了在海面上的油轮。

当时正是深夜时分，油轮上的海员没有注意到这件事。巡逻艇已经开始漏水，学员们面临生死存亡。

他们唯一的机会，就是爬上油轮高达4.2米的甲板，然而巡逻艇上没有任何攀爬工具。最后学员们通过搭人梯的方法爬上了甲板成功获救。

后来学员们把事件经过报告学校，西点军校也受此启发，在学校的训练场上搭起了高达4.2米的墙，每一期学院必须以60人为单位在15

分钟内全部爬上高墙，后来这面墙就有了"毕业墙"的称号。

时代需要英雄，更需要伟大的团队。一个人的智慧再高，能力再强，对于迅速膨胀的信息和全面爆炸、不断更新的知识也无法做到全面掌握，你表现得再出色，也无法创造出一个高效团队所能产生的价值。只要能够帮助团队成功，个人的荣耀也会水到渠成。

有这样一个问题："一滴水怎样才能永不干涸？"

正确的答案是："把它放进大海里去。"

这个答案让人深有感触。一个人再完美，也不过只是一滴水，一滴水的力量再强大，也终究会消失于无形；一个优秀的团队就有可能是一条小溪甚至是一条大江，将每一滴水融入其中，就不必担心它们会干涸。

每年的秋天，大雁都会成群结队地飞去南方过冬。第二年春天再飞回原地。在长达万里的航程之中，它们要遭遇猎人的枪口，历经狂风暴雨、电闪雷鸣以及寒流与缺水的种种威胁——但每一年，它们都成功往返。它们是如何做到的呢？

每年的秋天，大雁们都要飞到南方去过冬，它们整齐地排列成人字形，在天空中飞行。

为何它们要选择这样的飞行方式？经过有关专家长期的研究得出结论：雁群一字排开成"V"字形时，将比孤雁单飞提升了71%的飞行能量！当一只大雁拍击翅膀时，同时会为后面的大雁制造上升的气流。

而当领头的大雁疲劳时，它就会退到人字形队伍的后方，让另一只大雁占据领头的位置。后面的大雁则会发出"嘎嘎"的叫声，为前面的大雁鼓劲助威。

如果某只大雁不小心掉了队，马上就会感到独自飞行的强大阻力，因而，它不得不很快地寻找自己的团队并重新回到队伍中去。而当一只大雁由于生病或受伤而掉队时，总会有两只大雁随同它一起飞落到地面，协助并保护它，直至其康复，它们再组成自己小型的"V"字形，直到加入新的雁群，或者追赶上自己之前的团队。

孤雁难成行。对于大雁来说，互相合作已经不仅仅是一种精神，更是一种生存的技巧，如果某只大雁企图脱离团队而单独飞行，或许没飞出多远便因强大的阻力而无法前进甚至中途丧命。可以说，雁群因融入团队而求得生存，因脱离团队而险阻重重。

在十分危急的情况下，更应当发扬团结协作的精神，只有这样，才能获得最大的生存机会。

在南美洲的草原上，有一种动物演绎过这样的故事：酷热的天气，山坡上的草丛突然起火，无数蚂蚁被熊熊大火逼得节节后退。大火的包围圈越来越小，渐渐地，蚂蚁们似乎已变得无路可走。

然而就在这时，出人意料的事情发生了：蚂蚁们迅速聚拢起来，紧紧地抱成一团，很快就滚成一个黑乎乎的大蚁球。蚁球滚动着冲向火海……

尽管蚁球很快就被烧成了火球，在"噼噼啪啪"的响声中，一些居于火球外围的蚂蚁被烧死了，但更多的蚂蚁却绝处逢生！

蚂蚁们的这一抱，是命运的抗争、力量的凝聚，是以团结协作的手段，为共渡难关、获求新生作出的必要努力和崇高牺牲。无此一抱，蚂蚁们必将葬身于火海，精诚团结则使它们的群体得以延续！

一盘散沙难成大业，握紧拳头出击才有更大的力量。任何一支团队，成员之间必须团结一致，人心齐，泰山移，大家心往一处想，劲往一处使，才能无往而不胜。

领导力

你就是未来最卓越的领导者

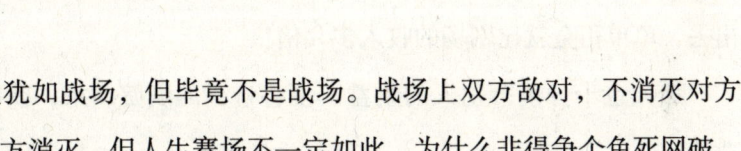

共赢是最大的生产力

　　人生犹如战场，但毕竟不是战场。战场上双方敌对，不消灭对方就会被对方消灭，但人生赛场不一定如此，为什么非得争个鱼死网破，两败俱伤呢?

　　很多人对于输赢的看法都是绝对化的，非此即彼，赢便是代表其他人都得输。运动场上非赢即输的角逐、学习成绩的分布曲线向我们灌输"永争第一名"的思维方式，于是我们便通过这副非赢即输的"眼镜"看人生，只为了争一口气，一辈子拼个你死我活，却从来不曾想到通过合作的手段，能让彼此得到更大的利益。

　　许多人由于盲目自大，从而错误地估计自己，认为自己天下第一，不屑与他人合作，做任何事都是我行我素。这样的人迟早有一天会懊悔地说："我怎么会拒绝与他人合作呢?"

　　合作可以激发人生命中的潜能。与他人合作，可以增强你的自信心，提高你的处世能力，消除你的消极心态，使你能正确地面对人生。即使一个人跑到荒郊野外去隐居，远离各种人类文明，他依然需要合作:依赖他本身以外的力量生存下去。

　　"一个人越是成为文明的一部分，越是需要依赖合作性的努力。"

曾经有一个戏剧爱好者，他不顾亲朋的反对，毅然选择一处并不热闹的地区，兴建了一所超水准的剧院。

剧院开幕之后，非常受欢迎，并带动了周围的商机。附近的餐馆一家接一家地开设，百货商店和咖啡厅也纷纷跟进。

没过几年，剧院所在的地区便成为商业繁荣地带。

"看看我们的邻居。一小块地，盖栋楼就能出租那么多的钱，而你用这么大的地，却只有剧院收入，岂不是吃大亏了吗？"那人的妻子对丈夫抱怨。"我们何不将剧院改建为商业大厦，也做餐饮百货，分租出去，单单租金就比剧场的收入多几倍！"

那人也十分羡慕别人的收益，便将自己的剧院结束，获得巨款，改建商业大楼。

不料还没有竣工，邻近的餐饮百货店纷纷迁走，更可怕的是房价下跌，往日的繁华又不见了。而当他与邻居相遇时，人们不但不像以前那样对他热情奉承，反而露出敌视的眼光。

面对现实的境况，那人终于醒悟，是他的剧院为附近带来繁荣，也是繁荣改变他的价值观，更由于他的改变，又使当地失去了繁荣。

世界上的事物都是互相联系、互为因果的，我们谁也不可能独自存在，更不可能独自干成一件事。比如说，人们常因建设自己而造就别人，又因别人的造就而改变自己。在这种改变中，你如果不让别人赢，你也会输掉自己。

我们应当看到，赢的真正意义是实现目标，而不是对立的双方争个你死我活，分出曲直高低，所以若用合作代替竞争，便能在有效的时间或较短的时间里达到更多的目标，甚至有意想不到的收获。

成功的人大多都有与人合作的精神，因为他们知道个人的力量是有限的，只有依靠大家的智慧和力量才可能办成大事。合作可加速成

功，合作可以帮人渡过困境。

合作才能把蛋糕做大

合作是指两个或两个以上的个体为了实现共同目标或者共同利益，自愿地结合在一起，通过相互间言语和行为的配合与协调，从而实现共同目标，最终个人利益也获得满足的一种交往活动。

明智的人都懂得联合起来改变自己的命运，历史上六国合纵抗秦，都得互保，而合纵破裂，又都被强秦所灭。

香港两大富豪李嘉诚和包玉刚的合作可谓成功的典范，包玉刚帮助李嘉诚控股和记黄埔，李嘉诚帮助包玉刚登陆九龙仓。协作思考，1+1>2，这样明显的道理，一旦被掌握和运用，就能产生巨大的推动力，让应用它的人获得成功。

史蒂芬是一位演员，刚刚在电视上崭露头角。他英俊潇洒，很有天赋，演技也很好，开始扮演小配角，现在已有点名气。从职业上看，他需要有人为他包装和宣传以增加个人影响力。因此，他需要一个公共关系公司为他在各种报纸杂志上刊登他的照片和有关他的文章，以更多地增加他的知名度。

不过，要建立这样的公司，史蒂芬拿不出那么多钱来。一次偶然的机会，他遇上了露丝。露丝曾经在一家大的公共关系公司工作过好几年，她不仅熟知业务，而且也有较好的人缘。几个月前，她自己开办了一家公关公司，希望打入公共娱乐领域。到目前为止，一些比较出名的演员、歌星、夜总会的表演者都不愿同她合作，她的生意主要还是靠一些小买卖和零售商店。当史蒂芬把他的想法告诉露丝后，露丝与他一拍即合，与他联合干了起来。

史蒂芬成了露丝的代言人，而露丝则为史蒂芬提供抛头露面所需要的经费，他们的合作达到了最佳境界。史蒂芬是一名英俊的演员，并正在时下的电视剧中出现，露丝便让一些较有影响力的报纸和杂志把眼睛盯在他身上。这样一来，她自己也出名了，并很快为一些有名望的人提供了社交娱乐服务，他们付给她很高的报酬。而史蒂芬不仅不必为自己的知名度花大笔的钱，而且随着名声大增，也使自己在业务活动中处于一种更有利的地位。

史蒂芬和露丝通过彼此合作，弥补了个人能力的缺陷，最终获得了双赢，这就是合作。合作是件快乐的事情，有些事情只有互相合作才能做成。

所以说，我们在工作和生活中，只有时刻保持合作的意识，才能取得更好的成绩，从而开创自己的辉煌人生。

良好的合作意识应包括以下几点：

第一，我们要在思想里有自主合作的意识。

合作意识是个人意愿、感觉、情感、思维的总和，主体意识、情感意识、参与意识是合作的重要因素。

独木难成林，一个人的力量总是有限的。所以说，要有合作的态度，不能倚仗自己的能力，演绎单枪匹马的个人英雄主义，而轻视团体中其他人的作用。

第二，寻找可以互补的合作者。

水桶的容积不取决于最长的木板，而被最短的木板限定。合作也是如此，一个团体能够取得多大的成绩，也取决于最弱的那个环节。

《三国演义》中，刘备创业初期，手下能征善战的武将有很多，让曹操十分羡慕，可是刘备连安身之地也没有，就是因为合作团体中缺少运筹帷幄的军师。如果他没有三顾茅庐请孔明，即使有再多的猛将，也是徒劳的。

合作是一个共同提高的过程，我们只有从合作伙伴身上找到自己的弱点，并弥补弱点，才能提高自身生存的能力，合作才会变得有意义。

第三，重视与合作伙伴沟通。

一个人的思维是有限的，集思广益才是合作的精髓。我们在合作的过程中，要敢于发表自己的意见，也要虚心听取他人的意见。只有这样，才能将大家的力量集中在一起，战胜共同的困难。

善于合作是一个人谋求发展的永恒主题，要有心与人合作，善假于物，那就要取人之长，补己之短，而且能互惠互利，让合作双方都能从中受益。

随着社会的发展，人与人之间的交往日益频繁，既存在着激烈的竞争，又有着广泛的联系与合作。一个缺乏合作精神的人，不仅在事业上难有建树，很难适应时代发展的需要，也很难在激烈的竞争中立于不败之地。越是在现代社会，越需要团结协作，形成合力。孤家寡人、单枪匹马很难取得成功。从某种意义上讲，帮别人就是帮自己，合则共存，分则俱损。有一个经典的故事正说明了这个道理。

一位生前经常行善的基督徒见到了上帝，他问上帝天堂和地狱有何区别。于是上帝就让天使带他到天堂和地狱去参观。

到了天堂，在他们面前出现一张很大的餐桌，桌上摆满了丰盛的

佳肴。围着桌子吃饭的人都拿着一把十几尺长的勺子。不过令人不解的是，这些可爱的人们都在相互喂对面的人吃饭。可以看出，每个人都吃得很愉快。天堂就是这个样子呀！他心中非常失望。

接着，天使又带他来到地狱参观。出现在他面前的是同样的一桌佳肴，他心中纳闷：天堂怎么和地狱一样呀！天使看出了他的疑惑，就对他说："不用急，你再继续看下去。"

不一会儿，到了用餐时间，一个个瘦骨嶙峋的人一拥而入坐到桌前。他们手上同样都拿着一把十几尺长的勺子。不同的是，都在努力把勺子里的饭送到自己口中，无奈勺子太长了，

个个犹如嗷嗷待哺的孩童，不停地叫嚷着。

这个故事虽短，但寓意深长、引人深思：同样的生活条件，拥有双赢的智慧还是独占利益的企图，其结果相应地也会产生天堂地狱间的差别。

所谓合作，通俗点讲就是拿破仑·希尔口中的"团结努力"，是不同的人为了实现一个共同的目标，而达到心志和力量的统一。

当前的国际形势风云变幻，而一国、一党的力量毕竟有限，为了共谋发展，寻求"众志成城"的合作成了永恒不变的选择。不管是石油输出国组织的建立、南南合作的兴起，还是关贸总协定的制定、WTO的成熟，无一不是人类运用双赢智慧的范例。

我们生存在一个充满竞争的时代，生存似乎变得越来越艰难，然而正是如此，我们才更需要与别人合作。最能有效地运用合作法则的人生存得最久，事业最成功。

一个人的才能和力量总是有限的，唯有合作，才能最省时省力，最高效地完成一项复杂的工作。没有别人的协助与合作，任何人都无法取得持久的成功。

表面看来，合作与竞争水火不容，实则它们相依相伴。在竞争中寻求合作已是知识经济时代不可逆转的趋势，同时团队精神得到史无前例的重视和强调。"三人行必有我师焉"，个人智能是有限的，自我封闭必然会带来落后时代的危害，因此每个人只有明确合作精神的重要，通过合作弥补自身不足，取人之长，与人协商，才会收到单凭一己力量无法达到的实效。

　　正如谚语"三个臭皮匠能顶一个诸葛亮"、"一个篱笆三个桩，一个好汉三个帮"，合作之所以如此光芒烁烁，正是在于它能凝成合力、实现优势互补，发挥1+1>2的神奇功效。在现实生活中，像马、恩齐心共画时代一笔，居里夫妇合力共入诺贝尔奖殿堂的实例，比比皆是。

　　当下，合作甚至不再仅仅是一种需要大力提倡的精神，而且变成了生存所需的不二法门。与以往相比，新世纪的生存之路绝对称得上是荆棘丛生、挑战遍布。然而在生活中，还是有许多集体、组织中的青年男女，他们才华出众却不懂得、不习惯、不喜欢与人合作，也就失去了通过合作实现梦想和创造奇迹的可能。

　　合作是成功的基石，是人类群居社会发展的综合体现，只有好的合作才会有更好的发展。因此合作为发展之本，人与人之间、团队与团队之间、国家与国家之间，只有合作才会有发展，反之即会被文明所抛弃。没有人能独自成功！成功呼唤合作！

不要有"凡事自己来"的想法

"凡事自己来"说明不了一个人的行事态度认真，相反这种亲力亲为的做事风格有时候还被认定为是愚笨的"死脑筋"思维。时间就是金钱和生命，尽管独立完成事情会带来更深的成就感，但是"凡事自己来"利用的只是个人有限的能力和才智，付出的是双倍甚至更多的时间和精力，而且需要独担风险和压力。所以，成功人士往往会避免凡事自己来。

微软公司的首席执行官——史蒂夫·鲍尔默曾说："有人告诉我他一周工作90小时，我对他说，你完全错了，写下20项每周至少让你忙碌90小时的工作，仔细审视后，你将会发现其中至少有10项工作是没有意义的，或是可以请人代劳的。"

很显然，"凡事自己来"对于领导者来说也不是一个好习惯，这多少可以证明他们刚愎自用，不具备领导者知人善用的管理才能，不能充分信任和施展下属的能力。

很多老板经常挂在嘴上的一句话是"每一件事情我不经手就一定会出差错"。在他们看来或许这正是引以为傲、体现自我价值的地方，事实上，这种后果往往是老板自己造成的。设想一个习惯事事亲力亲为的老板，怎么会培养出完全独立的下属呢？很少独立的下属在事必躬亲的老板不在场的情况下，自然出错的机会就大了。一般说来，稍微有志向的职员，不会安于长久地处在名不见经传的小公司里，他们多数不会欢迎一个不懂得授权的老板，当然一个凡事都要自己来的老板也很难使人才心甘情愿地追随自己。一个不懂得授权的老板恐怕很难找到有创意、有胆识的人才常相左右。因此，想要成为一个好的领导者，需要警惕"凡事自己来"的想法，学会如何授权。

对于微软CEO，史蒂夫·鲍尔默曾给出这样的忠告："不要什么事都做。你的任务是计划、组织、控制、指挥。"李开复对史蒂夫·鲍尔默的授权艺术深有感触，他评价道："史蒂夫·鲍尔默是近年来对我影响最深的人。几年前的鲍尔默就像个果断的老板，凡事喜欢一手抓，而且，总是在最前台鼓舞士气。做了首席执行官后，他放权给公司7大部门的负责人，不再做每件大事的最后决定人，加快7个部门负责人的成长。他不再做一个最有煽动力的拉拉队员，而是一个幕后的教练。他把自己对竞争对手的研究转换成对人才的研究。鲍尔默的行为对我很有启发。在我对任何要求回答'我做不到'之前，我总会想到鲍尔默可以做到，我为什么不试试？他这个榜样帮助了我的成长。"

"凡事自己来"是不可取的，不单单是针对领导者说的，对于普通人来讲亦是如此。单靠个人的努力，在漫长坎坷的成功路途上颠簸行进是极端困难的；反之，学会与人协作，懂得借力做事，才可能到达成功的彼岸。尤其是一个人处于创业时期，马上组建一个大的公司或团队是不现实的，一个人的力量在强大、残酷的现实面前总是渺小的。一个人要想同时拥有技术、资金、管理才能，再有好的项目几乎是不可能的。所以，学会并善于与人合作，对于创业者来说就显得特别重要了。

韩国人尚学录给创业者们树立了一个很好的学习榜样。作为一家日本企业的业务员，他有企划的能力，却没有什么学历和资金。一天，他在从西德寄来的商品目录中无意中看到了新开发上市的羊毛纺织机器。凭直觉，他认为这是一个天赐良机，并立即对日本的羊毛纺织机器进行了详细调查。在了解到应用这种新机器后生产效益可成倍增长，并且生产成本大约可降低三分之二后，尚学录带着这项新产品的目录和自己对经营纺织工厂的构想，找到了在日本的韩裔富翁林伯熊先生。在林先生的支持下，他从西德进口了四部机器，本人也从一名默默无闻的业务员，变成了纺织厂经理。在通往成功的路上，尚学录找到的捷径就是借助他人的力量，实现自己的创业梦想。

与人搭档创业成功的例子很多。比尔·盖茨，1973年进入哈佛大学法律系学习，19岁时退学，与同伴保罗·艾伦创办公司，直到后来创办了微软公司，自任董事长、总裁兼首席执行官。杨致远和戴维·费罗同在斯坦福大学从事研究，两个人邂逅并结交成了最佳搭档，创办了闻名于世的雅虎网络公司。乔布斯发明"苹果"电脑，也是与人合作，创造出辉煌业绩的。创业中至少两人是忠诚搭档，共创大业成为一种"现象"。

与考入大学需要的仅是达到固定的分数不同，一个人要想在社会上站稳脚跟，并取得一定的成就靠的是真才实干，是善于协商与合作的精神与能力。这种能力越来越成为个人生存、发展的最基本的要求。

团结合作作为个人和集体成功的基石，弥补了个人力量的不足，使个人在集体中得到发展，并壮大集体的力量。中国有句俗语："众人拾柴火焰高。"意思就是说抛弃"凡事自己来"的想法，学会"与人合作"方可实现多赢的目的。

许多在工作中遭受挫折的人的最大问题，其实是他们不懂得与人合作，总是争强好胜，凡事都想自己来。尤其是那些认为自己有才华的

人，总是在想：噢，不！这个人没什么能力，我不想与他合作，这件事我自己一个人就可以处理好。

彩虹因为由7种颜色组成而美丽，世界因为由形形色色的人组成而丰富。个人具有社会属性，只有学会与不同的人相处，才能适应环境。尤其是我们当下的社会，呈现专业分工精细而又合作共处的特征，完全靠单枪匹马决不可能稳操胜券。社会上的成功人士往往是因其善于合作而取得竞争优势。反之，一个孤芳自赏的人则会产生"怀才不遇"的郁闷，成为"孤家寡人"。因而，为自己的人生未来考虑，我们就必须注意培养自己与他人协商与合作的能力。

与人合作是一门艺术，处理得好能够实现多赢，但是如果处理不好也会产生烦恼甚至反目成仇。要想与人建立良好的合作关系，要遵循以下原则：一是选好合作伙伴。一定要选那些品德端正，操守高洁，又具有一定业务素质的人为合作伙伴。二是以诚相待，互相尊重。合作双方最忌讳的就是互相猜疑。既然是合作伙伴，就会一损俱损，一荣俱荣。因此，要团结一致，以诚相待，互相尊重。三是要本着公平公正，利益均沾的原则，起草好合作协议条款，把双方的权利和义务写得清清楚楚、明明白白，然后大家共同信守。四是胸怀大度，求同存异。在经营管理上，在企业运作上，难免出现一点分歧，在利益分配上闹一点小矛盾，既然走到一起，就说明双方有缘分，要珍惜合作机会，互相谦让一步就过去了。如果不能做到这一点，就有可能矛盾越闹越大，最后导致失败。

团结，散发着神奇力量

在新疆天山的冰川附近，生长着许多雪松和云杉。然而人们却发现一个奇怪的现象：这里只要一刮大风，几乎所有的雪松树梢都会被风折断，而云杉却大都安然无恙，毫发未损。但是如果从质地来讲的话，雪松要比云杉坚韧得多，应该更能抵御狂风才对，为什么反而是它们被大风折断了呢？研究者经过仔细观察，最终发现了其中的奥秘。雪松之所以容易被大风吹断，是因为雪松这种树种是孤立生长的，即使成林也稀稀落落，难以经受大风的席卷，虽然树枝很坚韧，但还是因为力量薄弱而被吹断。而云杉则大都是成林的，密密地站在一起。风来的时候，它们一起组成一面坚固的防风墙，再大的风对它们也无可奈何。

灾难是无情的，它给人类带来了可怕的伤亡与破坏，让美好的家园变得满目疮痍，让完好的生命变得残缺不全。然而，灾难无情人有情，在灾难面前，人性得到了张扬，民众更加具有凝聚力和向心力，在团结之火熊熊燃烧的时候，每个人都会因此变得更加坚定，更加充满希望。

团结的力量是一种巨大的精神支柱，它能够鼓舞人们，使其乐观而勇敢地对待困难和失败。只要大家心往一处想，劲往一处使，整个社会都会充满力量和温情，即使再大的风雪也能融化，再大的灾难也能克服，再顽劣的敌人也能战胜。1998年的抗洪斗争中，抗洪前线的军民，手挽手、肩并肩，硬是筑起了一座钢铁长城，锁住了洪水，保住了大堤。在与大自然的斗争中，我们赢得了胜利，并展示了人类伟大的力量。团结互助，它所爆发出来的威力足以让一切困难低头。团结的力量实实在在。团结互助，使柔弱的云杉战胜了风暴，赢得了胜利。虽然一个人的力量是有限的，有时甚至很脆弱，但是只要大家团结起来，就会变得很坚韧、很强大。就如一块石头起不了什么大的作用，但是当成千上万的石头聚积在一块儿，就能成为高不可攀的大山；一块砖头虽然很小，但是成千上万块砖头堆在一起，就能砌成伟大的长城。相反，如果大家不能够团结一心，不能够肩并肩、手牵手，不懂得互帮互助，那么再大的力气也是使不出来的。

有三头公牛总是在一块吃草。一头老虎想吃掉它们，但是每次行动都以失败告终，因为这三头公牛非常团结，一旦发生情况便互相合作，共同对敌，使老虎没有下手的机会。

为了吃这三头公牛，老虎绞尽脑汁，终于想出了一条诡计。

它先找到牛老大，对它说："牛大哥呀，你这么聪明强壮，怎么能跟那两个蠢牛在一起呢？它们处处占你的便宜，你找到了嫩绿的草地，它们便毫无理由地吃。它们还在背后说了你许多坏话……"牛老大信以为真，很生气。老虎见到这种情形，暗暗高兴，便离开了。

它又找到了牛老二、牛老三，对它们说了同样的话，牛老二、牛老三也相信了。

早晨，这三头公牛都绷着脸，各自只顾自己，分散吃草。老虎一看机会来了，找到了牛老三，把牛老三咬死了，美美地吃了一顿。它决定第二天再去吃那两头笨牛。

这时另外两头公牛才终于醒悟过来，知道如果彼此还不团结就面临着被吃掉的危险，于是，他们决定团结起来，打败老虎。

　　第二天，老虎刚走进草地，牛老大、牛老二齐心协力向老虎扑去，经过一番争斗，它们终于把狮子赶跑了。从此老虎也不敢再打它们两个的主意了。

　　面对共同灾难，团结一致，相互支持比什么都重要。如果仅仅靠自己，很可能在巨大的灾难面前被彻底打垮。毕竟一个人最多只支撑二百斤的重量，但是十个人就能扛起两千斤，一百个人就能支撑两万斤，这是值得我们思考的。灾难的发生是无法阻挡的，但是只要我们万众一心，就没有过不去的难关。

　　正所谓："患难见真情。"人间正是因为有着温情的存在，才会不管遭受多大的灾难都能够保持生机。团结是心与心的靠近，互助是爱与爱的传递，它是一种精神的支撑，让每一个生命都因此而得到挽救和呵护。

　　生命中有很多不能承受之重，然而灾难的袭击无法消灭人心的潜力，团结的力量是伟大的，只要我们手牵手，肩并肩，团结互助，再大的灾难也能挺得过去。爱在左，情在右，当我们被真情所包围，即使踏着荆棘，也不觉得痛苦，即使面临死亡，也不觉得悲凉。

第五章

敢于负责，在担当中提升领导力

大到一个民族、国家，小到企业、家庭都需要一些能担当重任的人，来号召和团结其他人为一个共同的目标而奋斗，他们就是领导者。而这些承担重任的领导者往往是现实社会中的成功者，他们有独特迷人的魅力，有一呼百应的感召力，还有更加神奇的影响力。

敢于担责是永恒的财富

工作中敢于担责是一种具有巨大力量的精神，它可以改变工作的一切。敢于担责的精神，可以改变一切平庸的工作状态，让一个人从平凡变得优秀，可以帮助一个人赢得别人的信任和尊重；敢于担责的精神，可以使人获得好机会的眷顾，从而使自己的工作和事业走向更高的阶段。对于领导者而言，敢于担责就等于拥有了永恒的财富。

刘延是一家大公司的主管。一天午餐时间，公司的一位董事走进来，想找一些文件。尽管这并不是刘延分内的工作，但是他依然说："我对这些文件并不了解，不过我会尽快帮您找到它们，然后把文件放在您的办公室里。"结果，刘延牺牲了午饭时间才找到那份文件，这位董事为此很感谢他。

两个月后，公司有一个高一些的职位空缺。在公司的管理会议上，总裁征求这位董事的意见，这时，董事推荐了勇于负责的刘延。

工作总会对每个真心付出的人给予合理的回报，荣誉也好，财富也罢，条件就是你首先要是一个敢于担责的人。一个人具备了敢于担责的精神之后，就会产生改变一切的力量。领导者要有敢于担责的勇气，对自己的行为负责。

有人说，对工作敢于担责，工作就会变成一种乐趣。还有人说，证明自己杰出的最好证据就是敢于担责。而事实上，许多人对责任都有一种畏惧的心理。他们希望工作环境宽松，出了问题也有大家一起来帮他承担，这样的人最多也就是工作机器而已。

地处山城重庆的力帆实业股份有限公司从1992年的只有20万元资产的小企业，成为拥有上万名员工、年销售收入121.6亿元人民币的全新的力帆。这些都与董事长尹明善有着直接的关系。

作为力帆的最高领导人，尹明善始终抱着"致富思源，富而思进"的理念，对力帆的各项工作真抓实干。在尹明善看来，领导者敢于担责是企业最重要的财富之一，他说："一个人的责任感，在一定意义上，就是财富的积累。财富积累越多，责任也就越大。""当我挣一个亿的时候，我觉得欠别人的实在太多了，我自己哪有能力挣这么多钱？是社会帮了我，是政府帮了我，是工程技术人员帮了我，是我所有的员工帮了我。我要还员工的钱，要竭尽全力把他们的饭碗保住，还要尽可能地给他们增加收入；我要还政府的钱，依法自觉纳税，保证税收年年增加；我要还社会的钱，尽可能多地参与公益事业。""我警告我们公司里的人，如果有谁做错了事，而不敢承担责任，我就开除他。因为这样做的人，显然对我们公司没有足够的兴趣，也说明了他这个人缺乏责任心，根本不够资格成为我们公司里的一员。"

这就是领导者的大家风范。领导者敢于担责，是其一生中最大、最永恒的财富。因为对于下属而言，没有哪个下属希望自己的领导在面对问题时胆小怕事，没有担当，他们需要的是一个敢于担责的领导。因为领导者敢于担责，能出色地完成任务，会为组织创造更多的发展机会，在创造物质利益的同时，更达到了精神上的自我实现，这是人的最高要求，而这种要求一旦得到满足，就会获得最大的快乐，是人生永恒的财富。

责任，成就领导力的基石

一个民族需要有责任感，否则这个民族就是可悲的；一个企业需要有责任意识，否则这个企业就是可怜的；一个领导者也需要有责任心，否则这个领导者就是可耻的，是没有办法做好任何事情的。因为责任是成就一个好领导的基石。

在社会上生活，我们每个人都在扮演着不同的角色，而每一个角色又含有不同的人生意义，肩负着不同的责任。领导也好，下属也罢，只有能充分承担责任的人才能演绎好自己的人生角色。对一个人而言，责任是可以让人在成功的兴奋中冷静下来的镇静剂，也是可以让人在困难面前不屈服的兴奋剂；责任让人懂得面对绝望时不放弃，面对机遇时也不自满；责任是人一生中最重要的朋友，是每一个希望获得成功的人的人生基点。对一个好的领导者而言，责任就是他成就和完善自己的翅膀。

修正药业股份公司董事长修涞贵就是一个敢于承担责任的好领导。这一点从他做药业的口号"做良心药，做放心药"中就能看出一二来。

1954年出生，毕业于吉林大学法律系的修涞贵，于1995年承包了一个固定资产25万元、负债却高达400万元的制药厂，经过近十年的努力，"修正药业"成为吉林省最大的制药企业及中国著名的中药生产商之一，总资产达到了16.7亿元，并形成了非处方药、保健品、医疗服务和国际贸易的经营平台。2000年2月在吉林省同行业中率先通过GMP认证。企业已发展成为集科研、生产、营销于一体的大型现代化股份制制药企业，是吉林省制药行业的龙头。修涞贵在"2007年胡润百富榜"中，以55亿元的资产成为吉林省首富；"2009胡润百富榜"上修涞贵排名第98位。

修涞贵的领导格言是："药要有良心，人更要有良心；做药要负起对患者的责任，管企业要负起领导者的责任。我取得的成绩越大，我的责任就越多，这是社会发展的必然要求，所以在修正，不需要没有责任感的人！"

领导这个职位本身就意味着责任，地位越高，权力越大，责任也就越重。如果把领导的工作比喻成一座建筑，那么责任对于领导者而言就是这座建筑物的基石，没有了它，领导者成功的高楼大厦就不可能建成。卡内基说过："这个世界上有两种人绝对不会成功，一种是除非别人要求他，否则他绝对不会主动做事的人；另一种就是思想里没有责任观念的人。"

海信集团的周厚健也是这样的一个领导。他曾不止一次地说过："对于企业管理人员而言，责任心比事业心更重要……当干部就没有休息日，想有休息日就别当干部。"为了那份当领导的责任，周厚健放弃了所有的节假日，每天累得一挨枕头就睡着了。

现代社会，谁没有责任感，谁就没有将来的发展，因为责任才是发展的基础，是做人的必备条件，是领导者顺利领导下属工作的基石。没有了它，追随者就没有安全感，所有的理想都只能是空中楼阁——可望而不可即。由此可见，一个领导者要在工作中得到更高的提升，那么他首先就应该是一个有责任感的人。

对领导者而言，无论何时何事，责任都是保证追求更高发展、走得更久更远的基点。只有自己先具有强烈的责任感，才能一级抓一级，在下属的面前树立好的榜样，才能将整个团队的责任感层层落实到位，也才能让每个下属都具有责任心。

成功者往往是担当重任的人

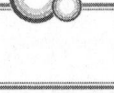

曾经有一些著名的历史学和心理学等方面的专家对历史上许多伟大的领导人物进行过分析和研究，他们发现这些伟大的领导人都具有一些共同的特征。比如，美国前国务卿基辛格博士就是一个典型的例子。

白宫的外交智囊、顾问和国务卿——基辛格博士，因为手握美国外交大权，频繁地奔走在美国和世界的外交舞台上。不管是在处理外交关系、应对国际问题上，还是在国内暗涛汹涌政治形势变化中，基辛格都扮演了举足轻重的角色，起到不容忽视的作用。为此，他在美国广受赞誉，赢得了"外交战略家"、"独脚智囊团"和"超级国务卿"等桂冠。

基辛格名声大噪，红极政坛，除了当时美国的现实政治环境等客观因素之外，与其自身所具有的成功领导者的特征也不无关系。

因此，现代社会有成功愿望的年轻人，一定要具备刚毅不凡、胆

大心细的特质。现在是立足点，未来是着眼点，未来是过去的积累，是现实的延伸，是尚未展开的现实。把握未来，努力摆脱昨天，不管昨天是辉煌的还是苦恼的。把握未来，最主要的是把握未来的发展趋势，以明确的超前思维在激烈的竞争中敢于领先。心细、了解组织环境及通晓时事、掌握游戏规则的基本能力。一般来讲，领导人物必须具备下面的重要特征：

1. 坚毅的勇气

坚毅的勇气是领导者必备的重要素质。一个不自信和怯懦的领导者很难给下属带来安全感，难以让人信服，更没有吸引人才长期追随自己的人格魅力。

2. 良好的自控能力

身教重于言教。只有善于自控的人才会有效地控制、领导他人。领导者应该以身作则，在管理别人前按照相同的标准严格要求自己。

3. 强烈的正义感

一个具有强烈正义感的领导者容易赢得下属的尊重。正直是一个优秀的领导人必备的素质。

4. 顽强的意志

意志是否坚强是衡量领导者执行力的标准之一。一个意志薄弱的领导者在执行决策时，就会表现出犹豫不决，无法领导他人。

5. 缜密的计划能力

"凡事预则立，不预则废"。成功的领导者事先一般都有完善的计划，就像远航的船离不开航标。

6. 乐于奉献

富有奉献精神，是杰出领导者的共同特征之一，他们比下属更愿意吃苦，工作量也比下属的工作量要多。

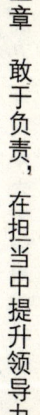

7. 富有个人魅力

成功的领导者往往拥有迷人的个性，正是这些个性使他们富有强烈的个人魅力，感染和吸引着身后的跟随者。

8. 注重细节

"细节决定成败"，成功的领导者一般都是注重细节的人。

9. 善解人意

优秀的领导者大多表现出善解人意、肯为下属考虑。对于下属的难处，他们给予理解和体谅，有时候还会主动提供帮助。

10. 有责任感

成功的领导者不畏惧失败，他们愿意承担下属造成的失误，认为是自己的失职，没有尽到责任。

11. 乐于合作

成功的领导者懂得发挥团队合作精神，并要求下属在工作中相互协商，领导者需要的正是团结合作的力量。

12. 当断则断

果断地做出决策，敢于拍板是成为领导的必备条件。

与普通人相比，领袖人物一向具有敏锐的判断能力和果断的决策能力，并且这种能力在无关紧要的小事上也能体现出来。因为优秀的领导者一般都会有一个明确的目标，和实现这个目标的明确计划，同时又不乏坚定的信心，所以在需要决断的时候，他们能够及时、果断地做出决定。

13. 敢于冒险

"无限风景在险峰。"事实证明任何人要想取得非凡的成就，必须有冒险精神，敢于接受挑战，面对未知有承担风险的勇气。领导学理论认为，组织内有一位敢于冒险的战略家是克服不稳定因素和信息不完善的最好方案。

14. 勇于创新

"生于忧患，死于安乐。"成功的领导者最忌讳安于现状，他们是最富有创新精神的群体。这些领导者经常给下属灌输新观念，给予他们新的刺激，鼓励他们运用创造性思维，提出新的方案。

创意不是浅薄的思考，瞬间涌现的灵感其实已经潜伏在内心很久了。只要把意识或潜意识放到某件事情上时，经过长久的思考就会萌发出创意。有创意的领导者追逐的是长远的理想。在追求理想时，领导者需要发挥集体的创新精神，运用新的观念。

领导有两种：有效的领导和依权力而生的领导。前者得到下属的肯定和理解，而后者得不到下属的支持和认可。

历史证明，靠权力维系领导地位的领导不可能长久。历史上独裁者与国王的快速更迭的事实，表明了人民不愿意追随靠权力来维系统治的领导。

新型的领导应具备上述14种特征和一些其他的素质。培养自己在这些方面的能力，你在任何行业中都可以大展鸿图。

责任体现在细节中

要想在竞争中获胜，一个好的领导者必不可少。而一个好的领导者必备的条件就是要有责任感，责任不仅体现在大事上，更体现在每一

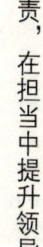

个细节中。

　　现实中也有很多领导者对于细节很不以为然，认为领导者就应该从大处着眼，把大事放在第一位，而对那些不起眼的小事无须在意。其实，这是一种错误的想法。因为在日常组织工作中，很多事情都是小事、细节，而一个人的责任心也正是从这些小事、细节中体现出来的。

　　一个年轻人刚来到一家大公司上班，就发现一个问题，中午的时候，办公室的人都从别的部门把饭盒拿回来再去热饭，于是他就问同事"我们部门不是也有冰箱吗，为什么……"同事告诉他："半个月前冰箱就坏了，大家也是没办法，又没有人修。"于是，这个年轻人就利用中午的时间把冰箱里已经发臭的食物清理掉，然后寻找冰箱不能运转的原因。原来冰箱并没有坏，只是电源插座松了，于是他把电源插好，冰箱又开始运转了。后来，这个年轻人由于工作中的突出表现被提升为经理，这个公司就是中国数码产业的龙头企业——创维集团，这个年轻人就是创维集团营销部年仅30岁的副总经理张志华。

　　做事不能只做表面文章，要踏踏实实，因为通过一件小事就可以看出一个人的责任心，一个细节就能体现出一个人潜在的领导素质。工作时不要忽略了任何一个细枝末节，以为不重要，要知道"涓涓细流可以汇成江海"，"小"的积累才有了"大"的成就。如果在小事上都不能负责，那么有了大事又怎会承担责任呢？而且，小事处理不好，最终会坏了大事。

　　有一个名声卓著的长者，他学识渊博，受到世人的尊敬。于是就有很多人来到他的住处，希望能够拜他为师，学习知识。有一天，来了两个年轻人拜师，于是长者就让两个年轻人留了下来。

　　第一天，长者让其中一个年轻人去扫地。过了一段时间，这个年轻人满头大汗地回来了，他说："我不仅把屋子里的地扫干净了，还把院子也扫过了。"长者低头看了一眼桌子下面，然后说："辛苦你了，

你去休息吧。"

第二天，长者又让另一个年轻人扫地。一段时间以后，另一个年轻人回来向他报告说："我把屋子、院子和门前的小路都仔细地扫过了。"长者又看了桌子下面一眼说："辛苦你了，你去休息吧。"

第三天，长者把两个年轻人叫到面前，说："经过我的测试，你们两个都不能达到我的收徒标准，你们还是回去吧。"两个年轻人都十分惊讶，说："您还没有考我们呢，怎么就知道我们不合适呢？""其实，我已经考过你们了。就在你们扫地的时候。"长者说，"你们看看桌子底下是什么？"原来，桌子底下有一枚钱币，这是那个长者早就放好测试他们的。两个年轻人由于对工作的细节不够重视，所以都没有看到那枚钱币。长者说："一个人的责任不仅表现在大的事情上，更体现在小的细节中，这才符合做我弟子的标准。"

也许领导者会认为细节都是不起眼的小事，但在激烈的竞争中，许多的完美就体现在一个个细节中。所以，领导者要对每一个细节都负起责任，把每一个细节都做好，把每一件小事都出色地完成，才能带领追随者走向成功，同时也让下属心生崇拜。

冲锋在前，撤退在后

要想成为一名好的领导者，就应该有冲锋在前，撤退在后的精

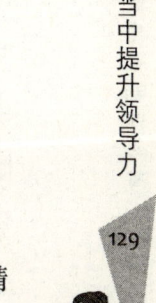

神。当问题出现时，如果不站出来勇敢地说："是我的责任！"而是一味推卸，这是任何一个团队都不允许的。任何组织或者团体都需要冲锋在前，撤退在后的领导。只有在工作时勇往直前，当工作出现问题时，敢于出面承认自己的过失、承担责任的领导，才能获得团队的认同。

事实上，一个团队发展目标能否实现，很大程度上取决于领导者的责任意识和处理责任时的方法与手段。一个优秀的领导者，会主动出面承担因成员犯下的错误而带来的责任，给团队成员足够的时间和空间进行反省，进而站出来承担自己应该承担的责任，并把这种责任化作工作的动力，更加忠诚地追随在这样的领导周围。

一家公司在外地设立了一个办事处，只有两个人，一个主管，一个职员。办事处成立后，需要办理税务申报，但这家办事处的税务申报却因各种原因一再拖延。在一年后的税务检查中，税务局发现了这个问题，就对其进行了严格的经济处罚。公司老总知道后，就向主管询问原因。主管说道："这一切都是我的责任，当时我想到了申报，可听说其他类似的办事处都没有申报，我想我们也没有必要这么做，所以就一直拖到了现在，这些事情都是我一个人的错。"

接着老总又询问了职员，得到的答案是："我把实际情况向主管汇报了，但是我觉得从为公司省钱的角度看，没有必要急着申报，因为很多单位都没有申报。于是我建议主管也不必着急，时间一长，就……这也有我的错。"最后，老板对主管说："虽然你们的行为不对，但你作为领导能够主动站出来承

担不完全是你的责任，这样的领导，正是公司所需要的。"

身为领导者，一旦出现问题，首先要做的就是把责任扛起来，绝对不能以各种借口来掩饰，更不能把责任推给下属。即使不是自己的错，但也至少存在监管不力的问题。不管什么原因，不管问题有多大，压力有多重，领导者都应该先把责任担下来，尽快地寻求解决问题的办法才是最重要的。等到问题解决了，问题所引起的后果已经通过及时的更正降到了最低，责任变得相对"小"了，这时再追究责任。如此一来，惹出祸事的人也会被领导的担责而感动，主动承认自己的错误。这样既可以改善领导和下属之间的关系，又可以让大家都富有责任心，增强团队凝聚力，提高团队的整体竞争力。

而如果一个人坐在很高的职位上，但是却不能承担更多的责任，丧失掉最基本的职业道德，就会遭到他人的轻视和离弃。

想要成为一个好的领导者，就要把责任当成使命。

既然你选择了工作，你就应该为自己的选择负责，无论是好的结果还是坏的结局，你都要接受而且必须接受一切。不愿意承担责任，就不配做一个领导者。"不可推诿责任"应该铭刻在每位领导者的脑中。

然而有的领导者在工作一切顺利时，笑口常开，而在发生波折时，却立刻板起面孔责怪别人；工作方案推行成功时，他独居其功；失败时，却推得一干二净。这与有影响力领导者的作风迥然不同。

"一切责任在我。" 1980年4月，在营救驻伊朗的美国大使馆人质的作战计划失败后，当时的美国总统吉米·卡特立即在电视上作了如上声明。

在此之前，美国人对卡特的评价并不高。有人甚至评价他是"误入白宫的历史上最差劲的总统"，但仅仅由于上面的那一句话，支持卡特的居然骤增了10%以上。

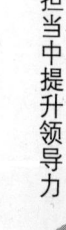

每一位领导者在享受鲜花和掌声的幸福时，也必定要承担起自己的那一份责任——领导者的责任，一份也许是"好"但也许是"坏"的责任。因为工作不仅会为人带来成功和荣誉，同时它也带来了无尽的辛苦、巨大的压力和前进的挫折，所有这些，也都是工作的一部分。所谓"在其位，谋其政"就是这个道理，只要领导者身在其位，就要对工作负起该负的责任，无论好的还是坏的结果：有了成绩要接受，出了问题更要勇于承担。

格罗夫曾任英特尔公司的首席执行官，作为世界顶级企业的领导者，他对于领导者的责任观有着自己的见解。他曾经说："我们所有处于管理岗位上的人，无论男女老少，都担心一旦犯错误，就会毁掉自己千辛万苦赢得的尊敬。但事实上，承认错误是力量、成熟和正直的标志。"他正是一直遵守着这样的理念，为英特尔公司赢得了大量的发展机会，为下属树立了榜样，也成为英特尔后继领导者们的楷模。他的这一理念在英特尔一直延续到现在。

英特尔首席执行官贝瑞特说："我们崇拜格罗夫，并以担当责任为荣，这是英特尔的文化。"

身为领导者，不应害怕承担那些"坏"的责任。敢于为不良后果负责，这才是获得下属认可的有效途径。因为，"坏"的责任最能体现领导者对于工作和下属的态度。

可惜的是，实际工作中总是有些领导者害怕承担这样的"坏"责任，害怕自己的前途受到影响，对于"坏"责任总是避而远之，最后导致失去了下属的支持，无法达到成功。

因此，领导者一旦发觉自己走上了这样的歧途，应立即改正，重新开始，做一个敢于承认错误、敢于承担责任的人，这也恰恰是一个人领导能力提升的标志，也是他走向"好领导"的标志。承担"坏"责任

的勇气和行为不仅反映出一个领导者的工作态度和强烈的责任感，更意味着领导者的精神境界已然达到了一定的高度，也是他能否赢得下属尊敬、能否带领下属取得工作成功的必备条件。

20世纪90年代，三星集团就曾遇到这样的困扰。当时的韩国，国内汽车产业产能已经过剩，但三星集团的决策者仍然在汽车业务上投资了数亿美元，这一错误的决定，直接导致三星汽车公司债台高筑，最后不得不低价出售给雷诺汽车公司。这一事件给集团造成了严重后果，当时的李健熙也被大家公认为是一个失败的领导者。然而这时，李健熙勇敢地承担起这个"坏"责任，并且捐献出了20亿韩元的个人财产作为承担此次失败的惩罚。这个消息发布之后，所有的投资者都惊呆了，而那些正等着裁员公告降临的下属们更是热泪盈眶，李健熙也一下子成为了"勇于承担责任的首席执行官"，从而赢得了下属们的敬重。

无论任何时候，任何情况下，发生了任何事情，领导者都要像李健熙一样，敢于挺身而出，承担责任，承担起那些有可能会使自己的事业走向低谷的"坏"责任。如果做到了这一点，那么领导者就会因为这份承担而让自己赢得尊重。

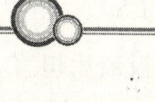

勇于担当，享受成功喜悦

刘洁和王浩是同事，他俩工作一直都很认真，也很努力。老板也对他俩很满意，可是一件事却改变了两个人的命运。

一次，刘洁和王浩一同把一件很贵重的古董送到码头。没想到送货车开到半路却坏了。因为公司有规定：如果不按规定时间送到，他们要被扣掉一部分奖金。于是，力气大的刘洁，背起古董，一路小跑，他们终于在规定的时间赶到码头。这时，心存小算盘的王浩想，如果客户看到我背着邮件，把这件事告诉老板，说不定会给我加薪呢，于是他对刘洁说："先把古董交给我，你去叫货主吧。"

当刘洁把古董递给他的时候，他一下没接住，古董顷刻间变成了碎片。他们都明白大祸临头，因为打碎古董很可能需要赔偿，并且工作有可能也保不住了。果然因为这件事，老板十分严厉地批评了他俩。

在等待处罚的过程中，王浩有意避开刘洁，一个人走到老板的办公室，告诉老板古董是刘洁打破的，跟自己没关系。

刘洁被老板叫到了办公室，他把事情的原委如实地说了出来。并表示这件事是他和王浩的失职，愿意承担责任。但是王浩的家境不好，希望老板能酌情考虑对他的惩罚，自己会竭尽全力弥补犯下的过错。

在处理结果下来的那一天，老板把他们叫到了办公室，说："公司一直很看重你俩，想从你们当中选择一个人来担任客户部经理，没想到出了这么一桩事，不过这无意中帮公司考验了你们，让我们看清楚谁才是真正合适的人选，现在我们已经决定由刘洁来担任这个职务，因为我们愿意信任一个勇于承担责任的人。至于王浩，从明天开始就不用再来公司了。"

老板最后坦言，是古董主人告诉了他事实，他看见了刘洁和王浩递接古董时的动作，而自己更看重的是他俩处理问题、对待过失的态度。

王浩因为推卸责任最终失去工作，现实生活中有很多像他一样的

人，而我们在面对这样的问题时，又会怎样呢？一切不负责任的人都免不了被淘汰的结果，麻烦总是喜欢找上不敢承担责任的人，而老板看重的是敢于承担责任的下属。

成长必须付出代价，需要经历无数次的挫折和失败。只有学会了忍受痛苦、承担责任，才会有所成就；躲避痛苦、逃避问题和责任是无益于解决任何问题的。一个在重大的事情上不敢接受挑战的人，他不仅不会摆脱这些困扰，还会被现实打垮，整日心神不宁，体会不到问题克服后的喜悦和生活的快乐。

困难面前的胆小鬼，内心深处会有一种别人听不到而自己却无法平息的声音："你是个懦夫，你是个可耻的逃兵。"

为了摆脱这种自我折磨似的声音困扰，何不痛痛快快地迎接挑战呢？反正只有两种选择：接受或不接受，每个人都必须选择其一。

一个人可以用以下四种方法中的一种来对待生命：可以逃跑；可以游移不定；可以将其接受，随波逐流；还可以用信仰和目标紧紧抓住生命，超越生命。

面对竞争，面对压力，面对坎坷，面对困厄，有人选择了逃避，有人选择了面对和征服，结果不言而喻，越是逃避越是躲不开失败的命运，越是敢于迎头而上，越是能够品尝到成功的甘甜。

那么，怎样做才能克服逃避心理呢？

首先，要克服自己的怯懦心理。很多人逃避责任不是因为没有能力，而是因为内心存在怯懦心理。因此，要克服逃避心理，必须先克服自己的怯懦心理。

其次，告别懒惰。懒惰是逃避者的一大通病，任何懒惰的人都不会获得成功。

再次，培养和树立责任心，切实负起责任。一个总是逃避的人，只会畏首畏尾、灰心丧气，永远不能走出黑暗；反之，敢于承担责任的人则会去做心中想做的事，即使遇到困难、面临失败，只要敢于正视、积极应对，总会找到应对的方法。一旦问题解除，自信心也会随之增加。

生命在责任中开出花朵

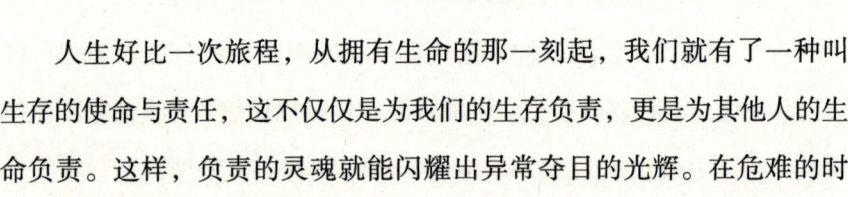

人生好比一次旅程，从拥有生命的那一刻起，我们就有了一种叫生存的使命与责任，这不仅仅是为我们的生存负责，更是为其他人的生命负责。这样，负责的灵魂就能闪耀出异常夺目的光辉。在危难的时刻，责任感甚至可以挽救一个人的生命。

有一支由业余登山爱好者组成的登山队，他们决定对世界第一峰——珠穆朗玛峰发起进攻。尽管人类攀登上珠峰已经不止一次，但这却是他们的第一次，队员们十分激动而又有信心，相信征服珠穆朗玛峰的日子指日可待。

经过考察，他们选择了天气晴朗、自己状态也很好的一天出发了。第一天，队员们基本适应了高原缺氧的情况，彼此互相照应，攀登一直很顺利，没有遇到什么问题，并且在预计时间内到达了1号营地。因为一个良好的开端，就等于成功了一半，队员们个个都很兴奋。

不料，第二天天气骤变，风云大作，还开始下雪。考虑到大家的生命安全，登山队长征求大家的意见，询问要不要回去，毕竟生命只有一次，登山的机会可以再找。但是大家都不想回去，继续攀登来迎接对生命极限的挑战。

于是，登山队继续小心翼翼地前行。尽管环境很恶劣，但是队员征服自然，征服珠穆朗玛峰的信心还是十足。"队长，你看！"一个队员突然大喊一声，大家循声望去，原来在离他们很远的地方发生了雪崩。虽然距离不近，一名队员还是受雪崩的巨大冲击力的波及，突然滑向另一边的山崖。幸好，在快落下山崖的危急一刻，他的冰锥紧紧地插进了雪层里，但危险还在，他随时有可能被雪崩的冲击力推下去。

这名队员正在生死边缘徘徊，情况变得越来越危急！其他成员想来营救山崖边的队友，但是同样面对可能被雪崩的冲击力推下山崖的危险。最后，已经没有犹豫的时间了，登山经验丰富的队长决定利用大家的力量，勇敢一试。大家把冰锥都死死地插进雪层里，然后用绳子绑住队长，队长系着绳子滑向悬崖边。在他拼命地拉住了抱住冰锥的队员后，示意其他队员使劲把他俩往上拉。就在下一轮雪崩冲击到来之前，大家齐心合力救出了这名队员。经过了生死的考验，大家变得更团结、更坚强了。

最终，登山队征服了珠峰。站在山峰上，他们把队旗插在山峰的那一刻，也把他们的荣誉和责任留在了世界上最纯净的地方。后来，队长说："当时我也非常恐惧，知道随时可能尸骨无还，但我认为，我有责任去救他，我必须这么做。责任的力量太大了。它战胜了死亡和恐惧。真的。"

责任可以战胜死亡和恐惧，可以让一个人变得勇敢和坚强。面对困难和危险，牢记心中的责任，你就能够从中汲取战胜困难的勇气和力量。即使是在日常生活中，责任感也同样能够让平凡的生命展现出动人光亮的一面。

怀特先生在市郊买下了一套新居。迁入新居几天后，有人敲门来访，怀特先生打开房门一看，外面站着一位邮差。

"上午好，怀特先生！"他说起话来有种兴高采烈的劲头，"我的名字是麦克，是这里的邮差。我顺道来看看，向您表示欢迎，介绍一下我自己，同时也希望能对您有所了解，比如您所从事的行业。"麦克中等身材，蓄着一撮小胡子，相貌很普通。尽管外貌没有任何出奇之处，他的真诚和热情却溢于言表。这真让人惊讶：怀特先生收了一辈子的邮件，还从来没见过邮差做这样的自我介绍，但这确实使他心中一动。

一天，怀特先生出差回来，刚把钥匙插进锁眼，突然发现门口的擦鞋垫不见了。难道连擦鞋垫都有人偷？不太可能。转头一看，擦鞋垫跑到门廊的角落里了，下面还遮着什么东西。事情是这样的：在怀特先生出差的时候，快递公司误投了他的一个包裹，放到沿街再向前第五家的门廊上。幸运的是，有邮差麦克。看到怀特的包裹送错了地方，他就把它捡起来，送到怀特的住处藏好，还在上面留了张纸条，解释事情的来龙去脉，又费心地用擦鞋垫把它遮住，以避人耳目。

麦克不仅仅是在送信，他现在做的是别人分内应该做好的事！他的行为使怀特先生大为感动。麦克是一个金光灿灿的例子，人性化的贴心服务正该如此，他为所有渴望在工作中有所作为的人树立了榜样。

这名普通的邮差具有一种难能可贵的品质，那就是负责。他把自己的工作做得有声有色，秉承一种对客户负责的态度，他做到了最好。负责，使平凡变得光彩夺目，使普通变得异常出色。对事、对人负责是我们永远要学习的品德。

对小事负责才能担当大任

法国文学大师罗曼·罗兰曾说过："在这个世界上最渺小的人和最伟大的人同样都有着自己的责任。"就像俗语所说"一屋不扫，何以扫天下"，一个不愿意做小事，不肯对小事负责的人，在大事面前他也不可能担当责任。

在回忆比尔·盖茨小时候时，卡菲瑞先生写下了这样一段文字：

1965年，我当时是西雅图景岭学校图书馆的一名管理员。一天，同事推荐一个四年级学生来图书馆帮忙，据介绍这个孩子聪颖好学。

不久，瘦小的比尔·盖茨来了，我先给他讲了图书分类法，然后让他把已归还图书馆却放错了位置的图书放回原处。

他问："像是当侦探吗？"我回答："那当然。"接着，小比尔·盖茨不遗余力地在书架的迷宫中穿来插去，小休时，他找出了三本放错地方的图书。

第二天他来得更早，而且更加卖力。干完一天的活后，他正式请求我让他担任图书管理员。两个星期后的一天，我被邀请去他家做客。吃晚餐时，比尔·盖茨的母亲告诉我他们要搬家到附近一个住宅区，比尔·盖茨因此需要转到别的学校去，孩子听到这里，担忧地问："我走了谁来整理那些站错队的书呢？"

我一直记挂着他。但没过多久，他又在我的图书馆门口出现了，并欣喜地告诉我，那边的图书馆不让学生干，妈妈又把他转回我们这边来上学，由他爸爸用车接送。"如果爸爸不带我，我就走路来。"

其实，我当时心里便应该有数，这小家伙决心如此坚定，内心充满责任感，则天下无不可为之事。不过，我可没想到他会成为信息时代的天才、微软电脑公司大亨、美国首富——比尔·盖茨。

从中我们可以看出，许多伟大或杰出人物身上，总有优于常人之处或早或迟地显示出来。比尔·盖茨对待图书馆工作这样的小事，就已经表现出一种超乎同龄人的责任感，这也是他日后能取得卓越成就的一个重要原因。

一位大公司的老板曾经讲过一个关于责任心的故事。那一天，有个人来公司应聘，经过交谈后，老板感觉此人其实并不适合他们公司的工作，因此，站起来很客气地和那个人握手道别。前来应聘的人从椅子上站起来的时候，手指不小心被椅子上跳出来的钉子划了一下。那人顺手拿起老板桌子上的镇纸，把跳出来的钉子砸了进去，然后和老板道别后出门要走。就在他砸钉子的那一刻，老板突然改变了主意，这个人被留下了下来。

事后，这位老板说："我知道在业务上他也许未必适合本公司，但他的责任心的确令我欣赏。我相信把公司交给这样的人我会很放心。"

对小事负责才能够在未来的社会中担当大任。家庭和学校是我们培养责任感的最好地方。无论在家庭和学校，我们都要主动去做一些小事情，去充当一些有意义的角色，体会自己的行为对集体所产生的重要性，同时也培养战胜自己弱点、增长各种能力的信心。

艾森豪威尔小时候的家庭境况不错。后来父亲的生意破产，欠下一笔数目不小的债务，家里的日子开始拮据起来。艾森豪威尔的母亲是一名勤快乐观的女性。她巧妙地在3间屋子里给6个孩子安置舒适的床铺，安排孩子们轮流值日、做家务，让他们学会帮厨、洗碗和洗衣；学会修剪果树，采摘果实，并把它们储存过冬；学会给菜园除草、堆草垛；学会喂鸡、挤牛奶。

在全家人的共同劳动中，孩子们不仅可以体会到劳动的乐趣，更领悟到对家庭的责任。反思自身，在家庭中，我们应主动承担一些力所能及、与自己年龄相当的劳动任务。可以和父母谈谈建设家庭的计划，在我们大一些后，甚至可以与父母商讨家庭财政安排。

比如，可以从家庭理财开始，可以和父母商量一下，了解家里每月有多少固定收入，每月计划开支的金额和实际支出的数目、家庭有哪些方面的投资、准备投资的方向、家庭所需大件商品的购买与否等等，与此同时，还可以参与家庭采购，如买菜，等等，以便与实际有所接触。在参与理财之后，对当家理财有亲身的体会，就能有效地改变自己原先对家庭经济状态漠不关心的态度，也能对市场、物价、商品和家庭等方面情况有所了解和认识，并丰富这方面的知识。要知道，人需要多方面的知识和实践，而当家理财这方面的知识又是我们今后所不可缺少

的。那么，提前接触这方面的知识又有什么坏处呢？至于担心因此而影响学习，显然是多余的。

　　总之，无论是在学校还是在家中，点滴的小事都可以培养出我们的责任感。做好身边的每一件小事，从中培养自己的能力和责任心，我们就能够在未来的社会中担当责任。

第六章

大肚能容，才能领导终生

在这个世界上，我们无法寻找到完美，任何事物都存在着缺陷，每个人都有他闪光的一面，也有他暗淡的一面，只是程度不同而已。

因此，我们要以海纳百川的胸怀去接纳别人，努力地改善自己，积极地劳动和创造。可见，智者的欣赏就是在欣赏别人的同时，试着把自己投入到铸就辉煌的熔炉之中，把自卑炼成自信，把委屈升华成振奋，把失意挤压成动力，把不满锻造成奋争，把孤傲挥洒成谦逊，把挫折锤打造成练达……

忍耐是领导者的一种美德

要想成为一名卓然超群的领导者还必须具有一流的耐性。对人对事都应如此，即使追随者有许多缺点，领导者也应克制，在暂时的障碍与压力下，仍要保持前瞻性。总之，领导者应有耐性，同时还应坚守自己的目标。

美国杰出的领袖林肯就是一个很有耐性的人。这里让我们来看一个生动的例子。美国南北战争的前几周，年轻俊美的麦克里兰将军带着20门大炮和一架手提印刷机开入西维吉尼亚，打败了几股南军。这只是几场小仗罢了，但却是北方第一次打胜仗，所以显得意义非凡。麦克里兰将军更是特意造成这种声势，他用手提印刷机发出几十份精彩又夸张的快报，向国民宣布他的成果。

再过几年也许他的荒唐行径会被人耻笑，但是在当时，战争是一件新鲜事，美国国内民众心慌意乱，渴望英雄人物的出现，所以他们十分听信这位青年军官对自己的夸张评价。国会感谢他，人们也称他为"小拿破仑"。"牛径溪"之役惨败后，林肯把他请到华盛顿，担任"波多马克军"司令。

麦克里兰天生是个领袖人物。兵士们看见他骑着白色战马奔驰而

来，总会鼓掌叫好。何况他勇敢地接下"牛径溪"之役的残兵败将，加以训练，恢复其信心，建立其士气，这种事没有人比他干得好。到了10月，军队的规模已在西方世界数一数二。他手下的将士们个个斗志昂扬，渴望一搏。人人都嚷着作战——只有麦克里兰例外。林肯一再催他出击，但他就是不肯。他举办游行，大谈未来的计划，可是仅止于此——只是空谈而已。

他总是找各种借口拖延、耽搁，硬是不肯听从林肯的命令。有一次，他竟以军队正在休息为由，拒绝进攻。林肯实在不明白他的军队明明没做什么事，怎么会累得需要休息。安蒂坦战役之后，李将军战败，麦克里兰手下的军队远远多于李将军的部队，只有麦克里兰肯追击，俘虏李将军的军队，结束战争不是不可能。林肯连着几星期催他追击李将军——写信催，打电报催，派特使去催。最后麦克里兰竟以马儿累了，舌头疼为理由，说自己无法行动。

半岛战役中，马格鲁德将军仅以5000兵力就阻挡住麦克里兰的10万大军。麦克里兰不往前攻击，只是筑起城垛工事，一再要求林肯加派人手。林肯说："如果我真的派10万人去增援，他就答应明天开向李其蒙。等明天到了，他又拍电报说他探知敌军多达40万人，没有后援他无法进攻。"战争部长史丹顿说："如果麦克里兰手下有100万士兵，他会发誓说敌军有200万，然后坐在泥地上嚷着要300万人。"

麦克里兰在生活中对林肯同样无礼。总统来看他时，他总是让总统在前厅等上半个钟头以上。有一次，晚上11点他才回到家里，佣人告诉他林肯已经等候了数小时。麦克里兰从林肯坐着的房间门外径直走过，不理不睬地直接上楼后，才派人对总统说自己已经上楼休息了。报纸大肆报道了这件事，惹来了人们的纷纷议论，就连林肯太太都泪流满面地求林肯撤换掉这个"空谈专家"。然而，林肯答道："太太，我知道他不对，但是在这种时候，我不能只顾虑自己的好恶，只要麦克里兰能为我们打胜仗，我愿意替他提鞋子。"

从这个事例中我们可看出，林肯对麦克里兰可以说是非常有耐性的了。也正因为林肯有如此大的肚量，才使他日后获得那么大的成功。同时还可看出，一个优秀的领导者应该随时随地在不牺牲原则的条件下，对部下保持高度的耐性，这也是领导者修养的要点之一。

胸襟有多大，成就就有多大

如同千人千面，人的度量也是千差万别的。有的人豁达大度，"将军额上能跑马，宰相肚里能撑船"；有的人睚眦必报，锱铢必较，你碰我一拳我一定踢你一脚。

人非圣贤，谁能没有七情六欲，即使是讲究"跳出三界外，不在五行中"的佛门中人，也还要常常念叨"出家人以慈悲为怀，善哉！善哉！"为的是时时提醒自己宽容大度，何况凡尘中人。

义青禅师尚未正式开示说法前，曾在法远禅师处求法。有一次，法远禅师听闻圆通禅师在邻县说法，便让义青禅师去圆通禅师那里求法。

义青禅师心里很不高兴，他认为圆通禅师并不比自己高明，又不愿忤逆法远禅师，便心不甘情不愿地去了。但到了圆通禅师那里，义青禅师从不参问，整日贪睡。

执事僧看不过去，就对圆通禅师说："堂中有个僧人总是白天睡觉，应当按法规处理了。"

圆通禅师一向只听执事僧讲听者的虔诚，这还是第一次听说有人在堂上睡觉，吃惊地问："是谁？"

执事僧："义青上座。"

圆通禅师想了想，让执事僧不再过问此事。

圆通带着挂杖走进了僧堂，果然看到义青正在睡觉。他敲击着义青禅师的禅床呵斥："我这里可没有闲饭给只会睡大觉的上座吃。"

义青禅师却似刚睡醒般，迷迷糊糊地问："和尚叫我干什么？"

圆通禅师便问："为什么不去参禅？"

对曰："食物纵然美味，饱汉吃来不香。"

圆通禅师听出义青禅师话里的弦外之意，说："可是不赞成上座的有很多人。"

义青禅师回答得理直气壮："等到赞成了，还有何用？"

圆通禅师听其言谈，知其来历一定不凡，就问："上座曾经见过什么人？"

义青禅师回答："法远禅师。"

圆通禅师笑道："难怪如此顽赖！"

随后，两人相视而笑、握手言和，再一同回到方丈室。从此，义青禅师名声远扬。

就是因为圆通禅师的容人雅量，才使法远禅师格外敬重，并要求义青禅师前去听法。义青禅师在圆通禅师面前的傲慢，直接表露了自己对圆通禅师的轻视。然而，圆通禅师大肚能容，对义青禅师的无礼一笑置之，不仅能够容忍他的轻慢之举，还肯承认他的价值，给予他应有的地位。试想，若是遇到别人，估计义青禅师免不了被扫地出门。

有容乃大，忍者无敌。很多时候一个人之所以能够受人尊敬、被人敬仰，不是因为他的能力有多高，相貌有多好，知识有多渊博，而是因为他有足够宽广的胸襟，能够容别人之不能容。这种大度之人，不会因为别人对自己的态度不够尊重，就对他人进行简单地否定。

一个人的思想水平、文化修养、脾气性格以及社会经历固然与度量的大小紧密相关，然而开阔胸襟的根本原因是远大的理想抱负和广博的境界。

境界可以后天修炼，因此度量也可以在后天改变，度量小的可能变得宽容大度，度量大的也可能变得小肚鸡肠。随着社会经历的丰富和生活环境、社会地位的变化，度量也在不断发生着变化。

西方近代天文学之父弟谷最初也不是一个宽容大度的人。他读书时，曾因为在一个数学问题上与一个同学发生了争执，最后在决斗中，鼻子被对方的剑刃削掉。这次的遭遇使弟谷意识到度量狭小的危害，并决定开始改变自己处世的态度。后来，尽管开普勒对他存有误解，弟谷还是无私地援助了他研究天文。在弟谷的大度提挈下，开普勒发现了行星运动的规律。

俗话说："最大的是心，最小的也是心。"心小的人，容不得他人的成就和轻视；心大的人，懂得成就、包容他人。心胸狭窄的人只会

使自己局限于一隅，难以有所建树；胸襟宽广的人能够团结他人、成就大事，正所谓心有多大成就就有多大。

要有容人的雅量

雅量指的是宽宏的度量，历来为人们称道。没有雅量的人即被视为是心胸狭窄，他们往往会为了鸡毛蒜皮的小事斤斤计较，眼光短浅，总成不了大器。

十六国时后赵的创建者石勒，出身卑微，幼时家境贫寒，为人佣耕，还曾当过奴隶。后因天下大乱，为穷困所迫而做了强盗。他以抢掠起家，在拥有了十万之众的军队后，便树立了图谋天下的志向。

石勒一字不识，但为人谦虚，善于采纳读书人的建议，对张宾等谋臣言听计从。张宾长于谋略，计不虚发，算无遗策，使只知猛冲猛杀的石勒学会了以智取胜。同时石勒性格豪爽、心胸宽广、宽容友好地对待部下，所以将士皆能归心，甘愿为他拼死效力，最终统一了北方。

在建立后赵、登上皇位之后，对昔日的仇敌，石勒同样做到了宽恕相待、为己所用。一次，他回到故乡，与乡亲们共餐对饮，聊到平生事迹不亦乐乎。以前石勒在家时，与李阳为邻居，两人为了争夺麻田，经常互相殴打。饮酒时石勒没看见李阳，便问："李阳乃是壮士，为什么不来？"又说："为麻田起冲突是布衣百姓之间的争斗，我现在拥有天下，怎么会与百姓为仇呢？"随后石勒专门派人去请李阳，李阳来到后，主动与他举杯共饮，抚着他的手臂笑着说："我往日吃了你不少老拳，你也尝尽了我的毒手，那都是过去的事了，也算是我俩的交情啊。"随后，又任命李阳为参军都尉，并将一间住宅赏赐给他。

还有一次，参军樊坦生活十分清贫，石勒升他为章武内史，樊坦入宫辞谢，石勒见到他衣服破烂，非常吃惊，问道："樊参军为何清贫至此啊？"樊坦性格质朴，照实回答道："遭遇羯贼无道，所有的家产损失殆尽。"石勒笑道："羯贼如此暴掠，现在我应该予以补偿。"樊坦这才想起石勒正是羯族，羯族在后赵被称为国人，说羯人为羯贼是触犯律法的，因此大惊失色，立即五体投地求饶。石勒反而安慰他说："我的律法是为了提防那些无赖的俗人，与你这样的前辈老先生无关。"于是赏赐给樊坦车马和衣服，还有钱三百万。

为人君主者若能雅量待下，则天下必能归心，朝政必能日盛。对石勒来说，难能可贵的是手握生杀大权之后能够原谅原来的仇敌，更能容忍别人的无意冒犯。像这样的人，必能达到人生所能实现的顶峰。因此，作为一名领导者培养自己有容人的雅量是非常重要的。

宋太宗时，为朝廷立下汗马功劳的孔守正官拜殿前都虞侯。一天，他和同为武将的王荣在北陪园侍奉太宗酒宴。

由于都是豪爽之人，两个人在酒宴上推杯换盏，大声谈论战场上的英雄之举。不一会儿，孔守正就喝得酩酊大醉，和王荣在皇帝面前争论起守边的功劳来。两个人越吵越气愤，脸红脖子粗，甚至忽略了在场的太宗，完全失去了下臣的礼节。侍臣奏请太宗将二人抓起来送吏部去治罪，太宗不同意，只是让人送二人回家。

第二天，二人酒醒后，一齐到大殿向太宗请罪，太宗说："朕也喝醉了，记不得有这些事。"二人感激涕零，发誓更加努力地坚守职

位，誓死效命。百官也特别佩服感念太宗的宽容。

身为天子，太宗面对两个大臣酒醉之后在自己面前争功的事情，必会有一些嫌恶，但是在他们醒后请罪之时托辞说自己也醉了，既没有丢失朝廷的体面，又让孔守正他们知道警醒，岂不是两全其美吗？

作为君主，拥有四方，要驾驭群臣，没有过人的度量是不可能做到舒心，做到成功的。现今为领导者担当着权衡大局的责任，也应该培养这样的胸怀，才能使众心归一。

学会欣赏别人

学会欣赏别人的优点，不但体现着我们对别人的尊敬，更重要的是，它也许就是一个人生命中的阳光，照耀一生。

卓别林在小的时候，有一年圣诞节学校组织合唱团，卓别林却落选了，他很沮丧。一天在班上，卓别林背诵了一段喜剧歌词，博得了大家的喝彩。老师说："虽然你唱得不好，但你的表演很有幽默的天分。"

后来，父亲早逝，母亲患上严重的精神病。为了生计，卓别林到剧院大厅，希望能演上一个角色。一天，伦敦一家剧院要上演一出戏，剧院老板答应让卓别林演一个孩子的角色。演出并不成功，《伦敦热带时报》在批评该剧的同时却说："幸而有一个角色弥补了该剧的缺点，那就是报童桑米，以前我们不曾听说过这个孩子，但可以预见，在不久的将来定会看到他不凡的成就。"

后来，年轻的卓别林获得了一个去美国演出的机会。不巧的是，这次演出没有引起任何轰动，然而美国的《剧艺报》在谈到卓别林时却说："那个剧团里至少有一个很能逗笑的英国人，他总有一天会让美国人倾倒的。"

多年后，卓别林终于成为享誉世界的艺术家。可以肯定的是，除了天才与勤奋以外，他的成功与年轻时所处的宽厚的社会氛围是分不开的。如果一个人在人生道路上，得不到他人的欣赏和肯定，那么生命之花就会枯萎，天才也会被埋没。

欣赏就像是航海中的灯塔，指引着迷失的人们，让他们获得前进的勇气，看到走向成功的希望，从而拥有一个明媚的未来。

有人在一个生活圈子里做过这样一个游戏，让参与者写出自己最欣赏的人和最讨厌的人的名字，最后在统计时发现：欣赏和讨厌的感觉是双向的，你最欣赏的那些人，往往也是欣赏你的人；而你所讨厌的那些人，往往也会讨厌你。

的确如此，人与人之间的关系多是相互的，你怎么对待别人，别人也会回以相同的态度。当你用欣赏的眼光看别人时，别人也会向你投来欣赏的眼光；反之你用鄙视的眼光看别人时，你肯定也会受到别人的鄙视。所以，与人为善，也就是与己为善，就像盛开的鲜花会引来蜜蜂和彩蝶，腐烂的蔬菜瓜果，只能招来苍蝇和臭虫。

屠格涅夫就是一个懂得欣赏他人的伟大作家。1852年的秋天，他在斯帕斯科耶松林里打猎时，无意中捡到一本皱巴巴的《现代人》杂志。他随手翻了几页，竟被一篇由一个初出茅庐、不知名的人写的小说吸引了。屠格涅夫对这个作品钟爱有加，因而对作者十分好奇。他四处打听作者的住处，从中得知了作者2岁丧母，7岁失父的经历。对于这个由姑

领导力

你就是未来最卓越的领导者

母一手抚养长大的青年人，屠格涅夫给予了极大的同情和关注。

屠格涅夫逢人就称赞这个年轻人，他说："这位青年人如果能继续写下去，他的前途一定不可限量！"能得到《猎人笔记》的作者——大名鼎鼎的屠格涅夫的赏识，这篇小说很快在瓦列里扬引起了轰动。作者的姑母知道这件事后，很快写信将事情告诉了侄儿。

年轻人收到姑母的信后，惊喜若狂。原来这是他因为生活的苦闷而写的第一篇小说，原本只是为了打发心中的寂寥才信笔涂鸦，并没有作家的妄念。处女作得到名家屠格涅夫的欣赏，一下子点燃了他心中的火焰。年轻人重拾自信和人生的价值后，一发而不可收地写出了《战争与和平》、《安娜·卡列尼娜》和《复活》等名作。没错，他就是后来享有世界声誉的艺术家和思想家——列夫·托尔斯泰。

"人生不如意事常八九。"行走于世，任何人都不可能一帆风顺。俗语说："良言一句三冬暖。"在遇到不顺时，来自外界的欣赏和鼓励就是一剂良药。外界的肯定和鼓励，化为一记鞭策力量，能够充分激发出人的潜能。懂得欣赏别人，善于给身边处于低谷的人以抚慰，别人也会欣赏你。久而久之，大家学会了分享美丽，自己也会成为一道亮丽的风景。

学会欣赏是一种做人的美德，肯定了别人也是肯定了自己，培根曾经说过："欣赏者心中有朝霞、露珠和常年盛开的花朵，漠视者冰结心城、四海枯竭、丛山荒芜。"以宽厚、仁爱、欣赏的眼光看别人，还是以刻薄、敌意、贬损的眼光看别人，不仅体现一种截然不同的处世态度，也能反映一个人的境界和修养。

生活中，人们的个性千差万别，有的人浅薄而浮夸，有的人质朴而率真，有的人激情似火，有的人深沉如海。生活就是因为形形色色的人群而精彩，我们不能为寻求自身价值而抵触、否定别人存在。要知

第六章 大肚能容，才能领导终生

道，生活自有它的逻辑，美好终会战胜丑恶，虚幻终将让位于真实，短暂的不会长久，永恒的不会逝去。因此，存在的即有合理之处，我们应学会接受、欣赏他人的美。

威廉·詹姆斯说："人性中最深切的心理动机，是被人赏识的渴望。"每个人都渴望得到别人的欣赏，同样，每个人也需要学会欣赏别人。费孝通老先生在80寿辰聚会上，曾经意味深长地讲了一句16字箴言："各美其美，美人之美，美美与共，天下大同。"其含义就是人们要懂得各自欣赏自己创造的美，还要包容的欣赏别人创造的美，这样将各自之美和别人之美拼合在一起，就会实现理想中的大同美。

聪明的人在欣赏别人的同时，知道取人之长来补己不足；愚蠢的人只会拿己之长比人之短，对别人的优点和长处选择忽视不见。喜欢以自我为中心的人，往往漠视他人的成绩，嫉恨别人的荣耀，看不得别人的进步。这种自私、狭隘的心理恰恰体现了一个人的性格缺陷，不仅影响自己的进步和能力的提高，还会造成交际方面的障碍。

给别人留一点空间

人人都希望自己在别人面前有尊严，被人重视，被人尊重。因此，我们在与人交往时，为自己争得面子的同时，也别忘了给别人留些尊严，这一点非常重要。

春秋时期，楚国有一个戏子叫做优孟，因为他身材矮小，不满五尺，人们就称他孟侏儒。优孟性格开朗，行为言语滑稽可笑，深受人们的喜爱，也得到楚王的宠信，经常出入王宫。

这一年，楚国的相国孙叔敖去世了，楚王为失去这一个得力助手而黯然神伤，每日茶不思、饭不想，总是怀念与孙叔敖在一起的日子。

一天，优孟到城效游玩，不巧碰见了孙叔敖的儿子孙安在山上砍柴。优孟感到非常奇怪便问其中的缘由，孙安告诉优孟，父亲任宰相时为官清廉，他去世后家里没有了财源收入，平时又没有积蓄，没有办法只得靠砍柴卖钱，聊以度日。

优孟想帮助孙安摆脱困境，但又不好直接批评楚庄王不仁义，不体恤下属，孙叔敖死后不说封赏他的后代。他决定采取另外的办法。

他特制了一套孙叔敖平时喜欢穿的衣服，然后学习模仿孙叔敖的一举一动，后来他练熟了，并且练得惟妙惟肖，让人看了真像是孙叔敖在世。

一次楚王宴请宾客，优孟打扮成孙叔敖的模样前去赴宴，楚庄王远远一看，误以为孙叔敖复活，赶紧起身相迎，快步走到台阶前，走近一看才知道是优孟装扮的，楚王因为思念贤相心切，便想拜优孟为相，他说："今日见你这副样子，更令我想起了贤相孙叔敖，你以后就穿着这身衣服作相国吧，你虽然不是真孙叔敖，就是假的也好。"

"家有老妻，请准回家商量一下再决定吧！"优孟回答道。

第二天，优孟来到宫中回奏楚王，说：

"我那位不识好歹的黄脸婆不要我做相国，还三番五次地告诫我，说孙叔敖做了十几年的相国，没有一丝一毫的积蓄，如今死了，他的儿子要上山砍柴卖钱才能过活，我要做相国，岂不存心想饿死老婆吗？"

这一番话，使楚王猛然省悟，他立即下令叫孙安入朝，封赐给他土地，不让他再过苦日子了。

优孟知道楚王不对，但他没有当面指责他，而是迂回地表达了他的意思，使楚王认识到自己的错误，并主动改正，试想假如优孟不给楚王面子，大骂他忘恩负义。只知道怀念已经逝去的人，不知道念及他的后人，这番话很可能会使楚王恼羞成怒，他一气之下不要说给孙叔敖的儿子封赏，就连优孟的性命也不一定能保得住。

优孟知道委婉地批评楚王，注意在批评楚王时保全他的面子，这既没有得罪楚王，免除了他的嫉恨，又达到了他为孙叔敖的后人请赏的目的，可以说是一举两得。从这个小故事中，也许我们可以看出给他人留点面子是多么重要。

面子与心灵有着紧密的联系。当我们洞察了一个人的心灵缺口时，也就意味着我们了解了他的欲望所在，如果我们再能投其所好，满足了他的欲望，那么就是给了他面子。依此类推，如果我们能够满足了一个人最强烈的欲望，那么就是给了他最大的面子了。因此，当我们有意给别人面子时，就必须先要了解他内心存在的欲望，即找出他在乎的东西。经常给别人留一点面子，自己的面子也会越来越大。

戴维是纽约一家木材公司的推销员，他多年与那些冷酷无情的木材审察员打交道，常常发生口舌，虽然最后的结果往往是他赢，可公司却一直赔钱。为此，他改变策略，不再同别人发生口角。结果呢？下面是他讲的一段经历：

"一天早晨，我的办公室的电话铃响了，一个人急躁不安的人在电话里通知我说：'你给一个厂家的工厂运去的一车木材都不合格，他们已停止卸货，要求你立即把货从他们的货场运回去。'原来在木材卸下 1／4 时，他们的木材审察员报告说这批木材低于标准50％。

鉴于这种情况，他们拒绝接受木材。于是，我立刻动身向那家工厂赶去，一路上想着怎样才能最妥当地应付这种局面。通常，在这情况下我一定会找来判别木材档次的标准规格据理力争，根据自己做了多年木材审察员的经验与知识，力图使对方相信这些木材达到了标准，错的是对方。然而这次我决定改变做法，打算用新近学会的'说话'原则去处理问题。"

"我赶到场地，看见对方的采购员和审察员一副揶揄神态，摆开架势准备吵架。于是，我陪他们一起走到卸了一部分的货车旁，询问他们是否可以继续卸货，这样我就可以看一下情况到底怎样。我还让审察员像刚才那样把要退的木材堆在一边，把好的堆在另一边。"

"看了一会儿我就发现，对方审察得过分严格。因为这种木材是白松。而审察员不懂松木，而白松木恰好是我的专长。不过我一点也没有表示反对他的木材分类方式。我一边查，一边问几个问题，我提问时显得非常友好、合作，并告诉他说他们完全有权把不合格木材挑出来。这样一来审察员变得热情起来，我们之间的紧张开始消除。渐渐地，审察员的态度变了，他终于承认自己对白松毫无经验，并虚心征求我的看法。结果是他们接受了全部木材，最后，我拿到了全价的支票。"

说到批评，你也许马上就会联想到紧张的气氛和不愉快。但婉言却能使批评在轻松愉快中进行，收到"直言"所收不到的效果。

诗人柳亚子喜欢吟诗作文，作品受到很多人的称赞。他的书法一泻千里，以流畅奔放著称。但同时又因为字迹潦草，不易被人辨识。书画家辛壶从不直说柳亚子先生的字迹潦草，却委婉地说他的书法是"意到笔不到"，辛壶的这种含蓄、风趣的表述方式使柳亚子先生极为佩服。外交辞令也多采用委婉含蓄的表达方式，婉言的话语包含深刻的意蕴又不失机智幽默，可以给双方一个台阶，避免形成僵局和打破僵局。婉言在准确地表情达意后，可以不伤彼此和气，又能让对方听出弦外之音。

另外，值得注意的是，我们通常说的面子并不是"脸皮厚"，更不是让我们厚颜无耻、不顾尊严地耍无赖。给别人留一点面子，是希望我们在为人处世时，能学会忍耐，懂得运用智慧，等待机会和把握时机。现实的竞争激烈而残酷，那些羞羞答答，不肯降低身价做事的薄脸人，只会使自己陷入僵局、常处于被动局面。

人人都有自己的脸皮观念，这关系到自己的尊严和地位。面对弱势群体或是失败者，我们却很少想到这一点。由于自己的优越，我们常常无情地剥掉了别人的面子，抹杀了别人的感情，伤害了别人的自尊心，却又自以为是。扪心自问，这种心胸是多么狭窄，内心是多么浅薄。

心胸豁达才有好人生

豁达是一种超脱，是自我精神的解放。豁达是一种宽容，能做到宽宏大度、胸无芥蒂、肚大能容、海纳百川，心中就如有了一束不灭的阳光，永远晴空万里。

我们之所以说某些人心胸宽广，是因为这种人虚怀若谷，有海纳百川的肚量。他们能包容别人，即使是对自己的嘲笑和讽刺，有这种心胸的人，不会被生活所累，自然活得轻松快活。

当然，豁达并非等于无限度地容忍别人，开朗并不等于对已构成危害的犯罪行为加以接受或姑息。但对于个人而言，豁达往往会有更好的人际关系，自己在心理上也会减少仇恨和不健康的情感。

据说，200年，曹操的死对头袁绍发表了讨伐曹操的檄文。在檄文中，曹操的祖宗三代都被骂得狗血喷头。曹操看了檄文之后问手下人："檄文是谁写的？"手下人以为曹操准得大发雷霆，就战战兢兢地说："听说檄文出自陈琳之手。"曹操连声称赞道："陈琳这小子文章写得真不错，骂得痛快。"官渡之战后，陈琳被曹操俘获。陈琳心想：当初我把曹操的祖宗都骂了，这回非死不可了。但是，出人意料的是，曹操不但没有杀陈琳，而且还让陈琳做自己的文书。曹操与陈琳开玩笑说："你的文笔的确不错，但是，你在檄文中骂我本人就够了，为什么还要骂我的父亲和祖父呢？"后来，深受感动的陈琳为曹操出了不少好计策，使曹操颇为受益。

没有豁达就没有宽容。一个人只有心胸豁达、才能做到宽以待人。胸襟宽广的人肯为他人的处境考虑，能够原谅别人对自己的伤害，善于发现他人存在的意义和作用，心无芥蒂地与他人沟通和交流。同样，人们乐于与豁达的人相处，愿意心甘情愿地追随这样的领导。

春秋时期齐国国君齐襄公被人杀害。襄公有两个兄弟，一个是居住在鲁国（都城在山东曲阜）的公子纠，一个是在莒国（都城在今山东莒县）的公子小白。听到齐襄公被杀的消息，两个公子都急着要回齐国争夺君位。当时，每个公子身边都有个师傅，也就是为自己出谋划策的心腹之臣，公子纠的师傅叫管仲，公子小白的师傅叫鲍叔牙。

在公子小白回齐国的路上，管仲事先已经派好人马拦截他。管仲拈弓搭箭，直接射向小白。只听公子大叫一声，倒在车里。

管仲以为小白被自己射死了，就不慌不忙地护送公子纠回齐国去了。怎知公子小白是诈死，他将计就计和和鲍叔牙抄小道抢先回到了国都临淄，当公子纠和管仲进入齐国国境时，公子小白已坐上了齐国国君的宝座，即齐桓公。

齐桓公即位以后，即发令要杀公子纠，管仲也被用囚车押回齐国问罪。管仲一被送到齐国，鲍叔牙立即向齐桓举荐他。

齐桓公很生气，说："管仲拿箭射我，要我的命，我还能用他吗？"鲍叔牙回答说："那时他是公子纠的师傅，他用箭射您，正是他对公子纠的忠心。论本领，他比我强得多。主公如果要成就一番大事业，管仲可是个难得的人才。"

心胸豁达的齐桓公，听了鲍叔牙的建议，不但赦免了管仲的罪，还不计前嫌地任命他为相，让他管理国政。管仲上任以后，尽心帮着齐桓公整顿内政，开发富源，开采铁矿，制造农具，使齐国越来越富强。

人无完人，每个人身上都有抹不去的缺点。不够豁达的人，往往拒绝承认自己的缺陷，总是紧张地抵御着任何外来冲击，以免缺陷暴露出来。长久以往，他们的心理便越来越脆弱和狭隘。

豁达的人往往是乐观主义者，乐观的生活态度是宝贵的精神财富。一个乐观的失败者终将有东山再起的时候，身处劣势不气馁的乐天派对未来做出积极的分析和预测，推动着自己和他人奋勇向前；一个忧心忡忡的成功者，抵御风险的能力则很脆弱，遭受打击后容易一蹶不振。

豁达的人有一种趋利避害的思维习惯，在困境面前，会本能地承认事实，很快摆脱出自我纠缠的烦恼。这种趋利避害的思维方式使他们在低谷期，继续保持着心境的明亮与情绪的稳定。

豁达的人比较宽容，为人宽容就会给别人留足自由的空间。一般

来说，心胸豁达的人能够尊重别人不同的看法、思想、行为习惯和宗教信仰等。即使别人与自己的观点、做法大相径庭，只要不违背原则他们大都会尊重别人的选择，给予别人自由思考和选择的权利。

宽恕是一种风范

原谅是一种风格，宽容是一种风度，宽恕是一种风范。给人一点宽恕，它将带给一个人重新获取新生的勇气，去直面人生的另一个幸福时刻。

从前有个国王，名叫永寿；他有个儿子，名叫永生。邻国有个国王，凶狠残暴，大家都称他为恶王。

有一天，恶王带领军队扑向永寿王的国家。永寿王不想造成人员伤亡，于是带着太子抛下王位，隐居到深山里。恶王顺利地占领了永寿王的国家，他派人到处搜寻永寿王的下落，宣布说："有谁能捉住永寿王献来，赏给黄金万两。"但一直没能抓住永寿王。

有一天，永寿王在路旁的一棵大树下休息，恰好碰到一个从远方来的人也在大树下休息。两人闲聊起来，那个人说自己是很贫穷的修道人，希望能得到永寿王的施舍。永寿王很感动，想起恶王悬赏捉拿他的事，便让那人拿他的人头去领赏。开始那人不肯，但永寿王认为自己能帮助他，让他不必谦让，于是两人一起来到王宫。

永寿王让卫士把自己捆绑起来并马上去禀告恶王。恶王听说永寿王已找到，喜出望外取出赏钱赏赐那人。得到赏赐之后，那人便回国了。恶王派人在街头搭起行刑台，要在那里当众烧死永寿王。永寿王一眼看见儿子也挤在人群中，唯恐儿子以后会替自己报仇，便仰天长叹，说不希望太子为他报仇，否则他死也不会安心。

但永生心里愤愤不平，他偷偷地潜回城里，装扮成打零工的，混进恶王手下大臣家中种菜。永生做得很好，受到大臣的赞赏，被提拔做了厨师。有一天，大臣请恶王到家里做客。恶王一尝到如此精美的饭菜，便把永生带回王宫，让永生专为自己做饭烧菜。

永生曲意奉承恶王，得到恶王极大的欢心和信任，被提拔做了贴身卫士。有一天，恶王带永生一起去打猎，两人迷路了。永生有几次想杀了恶王，但想到父亲的嘱咐，始终下不了手。后来他向恶王坦白自己就是永生，让恶王杀了自己，免得自己起了杀心，做了不孝之人。恶王听了以后，非常感动，也非常后悔。回去之后，恶王宣布把国家交还给永生，两人结为兄弟，自己带兵回本国。从此，这两个国家相互通好，和睦往来；人民也都安居乐业，享受太平。

法国19世纪的文学大师雨果曾说过这样一句话："世界上最宽阔的是海洋，比海洋宽阔的是天空，比天空更宽阔的是人的胸怀。"宽容是一种博大的情怀，它能包容人世间的喜怒哀乐；宽容也是一种境界，它能使人生跃上新的台阶。"海纳百川，有容乃大。"有这样的度量，还有什么东西容不下呢？

有人的地方就有矛盾，任何人际关系中都存在着分歧、争端和冲突。矛盾的出现总是令双方产生不快甚至互相伤害。不管是选择忽视这些分歧、冲突还是选择放弃彼此间的亲密关系都是不可取的，因为前者类似于掩耳盗铃，后者无异于因噎废食。宽恕才是真正能够解决问题的

办法。宽恕不仅是一种交际技巧，更是一种美德，意味着对他人的理解和通融，体现了个人宽宏大量、光明磊落的良好品质。

不论云彩美丽或丑陋，天空收容每一片云彩，所以天空才能广阔无比；不论岩石巨大或渺小，高山收容每一块岩石，所以高山才能雄伟壮观；不论浪花清冽或混浊，大海收容每一朵浪花，所以大海才能浩瀚无比。

无论是广阔无比的天空，还是雄伟壮观的高山和大海，都拥有宽容的气魄。宽容是美德当中是最令人感动的一种。现代社会竞争激烈，个体的利益、集体的利益免不了交叉和冲撞，被误解、受委屈、遭损害之类的事更是时有发生。每个人都不期待遇到这些事情，而一旦发生了，最明智的选择就是宽容。宽容是对他人的理解和原谅，显示的是自己的气度和胸襟，宽容的对象是别人，放松的是自己的内心。

一天中午，埃德蒙先生刚走到厅门，就听见从楼上的卧室传来了轻微的响声，是阿马提小提琴的声音，要知道他对这种响声是非常熟悉的。

"有小偷！"念头一闪，埃德蒙先生一步冲上楼。果然，一个13岁左右的陌生少年正在那里摆弄他的小提琴。

少年头发蓬乱，脸庞瘦削，身着不合身的外套，衣服肥大得好像塞了东西。毫无疑问，他是一个闯入的小偷，埃德蒙先生用结实的身躯把他挡在了门口。

看到主人归来，少年的眼里充满了惶恐、胆怯和绝望。看到这种非常熟悉的眼神，刹那间，埃德蒙先生想起了往事……愤怒的表情顿时被微笑替代。

"你是丹尼尔先生的外甥、约翰吗？前两天，丹尼尔先生说你要来，没想到来得这么快！我是他的管家。"埃德蒙先生这样说。

少年先是一愣，但很快就反应过来，顺势说："我舅舅出门了吗？我想先出去转转，待会儿再回来。"

埃德蒙先生点点头，看着正准备将小提琴放下的少年，和蔼地说："你也喜欢拉小提琴吗？"

"是的，但我拉得不好。"少年答。

埃德蒙先生语气平缓地建议他："那你可以拿着琴去练习一下啊，我想丹尼尔先生一定很高兴听到你的琴声。"少年疑惑地望了他一眼，最后还是拿起了小提琴。

临出客厅时，少年突然看见了墙上挂着的巨幅彩照，是埃德蒙先生在歌德大剧院演出时照的。少年的身体猛然抖了一下，然后头也不回地跑了。

恐怕没有哪一位主人会用管家的照片来装饰客厅吧，埃德蒙先生相信少年已经明白是怎么一回事了。

那天黄昏，埃德蒙太太一回到家便察觉到了异常，忍不住问道："亲爱的，你心爱的小提琴坏了吗？"

"哦，没有，我把它送人了。"埃德蒙先生缓缓地说。

"送人？怎么可能！它不是你生命当中不可缺少的一部分吗？"埃德蒙太太不敢相信自己的耳朵。"亲爱的，你说得没错。但如果它能够拯救一个迷途的灵魂，我情愿这样做。"

看见妻子并不明白他说的话，埃德蒙先生就将事情的经过告诉了她，然后问道："你觉得我这么做有什么不妥吗？"

"你是对的，希望真的能对这个孩子有所帮助。"妻子幽幽地说道。

三年后的一天，埃德蒙先生应邀在一次音乐大赛中担任决赛评委一位叫里特的小提琴选手，凭借雄厚的实力，在决赛中夺得了第一名。看着这个年轻人，评委席上的埃德蒙先生一直觉得似曾相识，但又

想不起在哪里见过。颁奖大会结束后，里特拿着一只小提琴匣子跑到埃德蒙先生的面前，脸色绯红地问：

"埃德蒙先生，您还认识我吗？"

埃德蒙先生茫然地摇摇头。

"您曾经送过我一把小提琴，我一直珍藏着，直到有了今天！"里特热泪盈眶地说，"那时候，几乎每一个人都把我当成垃圾，我也以为自己彻底完了，但是您让我在贫穷和苦难中重新拾起了自尊，心中再次燃起了改变逆境的熊熊烈火！今天，我可以无愧地将这把小提琴还给您了……"

里特眼含热泪，激动地打开了琴匣。埃德蒙先生一眼瞥见了躺在里面的、自己曾视为生命的阿马提小提琴。三年前的那一幕顿时浮现在埃德蒙先生的眼前，他走上前去紧紧地搂住了里特，认出他就是"丹尼尔先生的外甥约翰"。埃德蒙先生的眼睛湿润了，少年真的没有辜负他的心意。

宽恕不是姑息别人的错误，也不是自己软弱的表现。宽恕是一种理解，一种涵养；宽恕是当别人说出伤你心的话、做出伤你心的事时，你认为他是无意的；宽恕既是一种气质，也是一种风度，更是一种美德；宽恕不是简单的宽容加饶恕，马克·吐温对宽恕做了最好的诠释："紫罗兰把她的香气留在了那踩扁了自己的脚踝上，这就是宽恕。"当别人做错事的时候，巧妙地宽恕对方往往是最好的处理方法。因为，宽恕是一种力量，这种力量可以将邪恶的阴霾驱散并唤回真挚的善良，这种力量可以改变一个人。

"大肚能容，容天下难容之事；开口常笑，笑天下可笑之人。"凡有弥勒佛的寺庙里，我们经常可以见到这副对联。这副对联，是讲度量的，人能达到能容天下万事万物的度量，其思想便是进入"禅"的高

层境界了。度量，是对他人长处、短处和过错的一种包容。度量大，能得人心、团结人、纳众谋，以成其强大，对创造和谐的工作环境，十分有益。

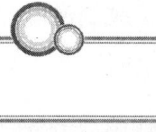

宰相肚里能撑船

李沆在宋真宗时任宰相。有一天，他在途中被一个儒生拦住上书，慷慨陈词，历数其短。没想到，李沆不但丝毫没有发怒，反倒向他致谢，谦逊地说："等回家，我一定会慢慢自己看的。"儒生还以为是李沆对他怠慢，十分不满。一路跟随着李沆，并斥责说："你身居高位却不能兼济天下，还不愿意引退，长时间地堵塞贤人上进的道路，难道你心里一点也不感到愧疚吗？"李沆在马上恭恭敬敬地答道："我多次请求引退，但主上都没有应允。"尽管被这样一位不知名姓的儒生当街斥责，李沆脸上始终没有一点怒色。

其实，李沆并非是儒生所说的"居大位不能济天下"的宰相。宋真宗对他的评价是："沆为大臣，忠良纯厚，始终如一。"事实的确如此，他在职期间，对国家是有贡献的。

李沆自幼十分好学，器度宏远，中进士后，任著作郎，应试时得到怵太宗的赏识，召入翰林院为学士，后来又任给事中、参知政事。到宋真宗即位后，以本官平章事，兼修国史，改任中书侍郎。契丹犯边，真宗亲到前线督战，命李沆留守，后来累加门下侍郎、尚书右仆射。

李沆办事，以国家利益为重，如果真宗所为有错，敢于抗争。比如，真宗手诏欲立刘氏为贵妃，李沆认为不合适，便当着使者的面，用蜡烛焚烧了诏书，并附上奏言："臣以为不可。"真宗果真听从了他的话，此事作罢。每当他有所奏，都是当众面奏，从来没有什么密奏，真宗对他说："人人都有密奏，唯独你没有，这是为什么呢？"李沆答道："臣是待罪宰相，是公事就公开来说，怎么用得上密奏？但凡人臣有密奏者，不是进谗言就是佞臣，这是我最厌恶的，怎么会效防呢？"李沆在家时绝不跟人谈论公事。

李沆善于了解人的才能、品质，平生最恨谗佞之人。寇准开始时与丁谓交好，屡次以丁谓之才向李沆推荐，李沆却一直不用丁谓。寇准问他，他说："看他的为人，可以让他位居人上吗？"寇准反问说："就像丁谓这样的人，先生能压抑他让他久居人下吗？"李沆无奈地摇了摇头，笑说："他日后悔，当思吾今日之言也。"后来，寇准果然为丁谓构陷，才开始佩服李沆有高见。李沆非常爱民，以《论语》中的"节用而爱人，使民以时"为治民的指导思想。

李沆对国事、人事能坚持原则，又能爱民，很得圣心、民心，时称"圣相"。正因他为人"忠良纯厚"，对国对民才能无愧于心。前述儒生责备乃与事实不符，是狂言而已，丝毫无损于他，反而能够激励他更加严格地审视自己、鞭策自己，所以并不计较儒生的无礼，反而感谢他的直言，这便是世人所说的宰相度量。

常言道："宰相肚里能撑船。"位极人臣，必当有超人的胸怀，能够容人，与上下和谐相处，否则难以长久。这是一种做人的修养，也是为官处世的艺术。一个古人尚且有如此的胸怀，而作为当代社会的领导者来说，更应当培养自己那种像大海般广阔的胸怀。

心宽寿自延，量大智自裕

我们不能改变生命的长度，却可以改变生命的宽度。这句话常常被用来激励失意之人。不要慨叹生命的短暂，而是要在有限的生命中注入无限的激情，如此，心情会随之改变，生活会随之改变，命运也会随之改变。

当我们要在一个蓄水池中注满清澈的河水时，蓄水池已经固定，增加输水管道的长度也只是拉长了水流的距离，我们需要去做的是将管道拓宽，这样才能更快地将水池注满。

事实上，当我们真正改变了心灵的宽度时，生命的长度也会悄然增加。圣严法师说："有德即是福，无嗔即无祸，心宽寿自延，量大智自裕。"这真是一种人生的大智慧。禅的智慧是无穷无尽的，宽度和量度都是禅的智慧。心宽，放下一切自我执著而引发的烦恼；量大，用包容的心去容下他人的一切，才能获得真正的洒脱，做到真正的慈悲，获得真正的智慧。

有一个久战沙场的将军，因为厌倦了战争和尘世里的奔波忙碌，便找到大慧宗杲禅师，要求剃度出家，并请求禅师为他开示。

他说："禅师，我已经看破红尘，红尘俗世中的种种，都不过是过眼云烟。禅师您慈悲，请您收留我，让我随您修行吧！"

宗杲禅师说："你贵为将军，声名显赫，能将功名利禄全部放下吗？"

将军说："功名利禄如粪土！"

宗杲禅师："可是你尚有家眷，还有太多尘世俗缘割舍不下，你不能出家！"

将军："禅师，我现在什么都放得下！妻子、儿女、家庭，全部都可以放下。请您为我剃度吧！"

宗杲摇摇头，仍然不肯为他剃度。

将军无奈地离开了。几天之后的一个清晨，他再次来到寺中参禅礼佛。宗杲禅师问："将军，你为什么这么早就来庙中拜佛呢？"

将军回答："为除心头火，起早礼师尊。"

禅师听到他用禅语回答自己的问题，心中对他出家的诚意大为赞赏，但还是开玩笑似的对他说："起得这么早，不怕妻偷人？"

将军一听，勃然大怒："你这老怪物，讲话太伤人！"

大慧宗杲禅师哈哈一笑，对将军说："轻轻一拨扇，性火又燃烧，如此暴躁气，怎算放得下！"

这位自以为已经放下了一切的将军不仅未能将心头的执著放下，更没有真正领悟到禅宗的智慧，被人稍稍一激，立刻变得暴躁，已然犯了嗔戒，"说时似悟，对境生迷"，他既没有正确地认识自己，也不能以一颗宽容的心去对待别人，又怎么能算是真正看破红尘了呢？

真正的宽容，可以包容清净，也可以包容污秽；可以包容爱的人，也可以包容恨的人；可以包容善良，也可以包容邪恶。真正的宽容，要像广袤的苍穹，同时容纳群星和尘埃；要像浩瀚的大海，同时容纳百川和细流；更要像无垠的虚空，无所不含、无所不摄。

贬谪到江北瓜洲时，苏东坡和金山寺的和尚佛印相交甚多。他们

经常一起参禅礼佛、谈经论道，成为了非常亲密的朋友。

一天，苏东坡诗兴大发，作了一首五言诗：稽首天中天，毫光照大千。八风吹不动，端坐紫金莲。诗作完成后，他再三吟诵，觉得其中含义深刻，可算集禅家智慧之大成。苏东坡相信这首诗肯定会得到佛印的大加赞赏，但苦于公务缠身，自己不能立刻把这首诗拿给佛印看，只好让一个小书童将诗稿送过江去请他品鉴。

书童说明来意之后将诗稿交到了佛印禅师手中，佛印看过之后，但笑不语，提笔在原稿的背面写了两个字，然后让书童带回。

苏东坡满怀期待地打开了信封，只见宣纸背面写了两个字："狗屁！"苏东坡先惊后怒，坐立不安，索性搁下手中的事情，怀着既生气又不解的心情，领着书童过江而去。

当他的船靠岸时，佛印禅师已经在岸边等候多时。苏东坡怒不可遏地对佛印说："和尚，你我相交甚好，为何要这般侮辱我呢？"

佛印笑吟吟地回答说："此话怎讲？我怎么会侮辱居士呢？"

苏东坡拿出诗稿，指着背面的"狗屁"二字，向佛印质问原因。

佛印接过来，指着诗稿问道："居士不是自称'八风吹不动'吗？那怎么一个'屁'就过江来了呢？"

苏东坡顿时明白了佛印的意思，羞愧满面、不知如何应答。

作为古代名士的苏东坡，有着很深的文学造诣，同时又谙熟儒释道三家关于生命哲理的阐释，然而，他有时候也不能领悟真正的智慧。就像平时谈生论死，侃侃而谈的我们，号称自己视名利如浮尘，视金钱为粪土，似乎真的有超然物外的境界。但是真当死亡的威胁、名利的诱惑摆在眼前，又有几个还能保持着一颗平静、淡然的心从容对待呢？

"赠人玫瑰，手有余香。"当我们手捧鲜花送与别人时，自己首

先闻到了芳香；而当我们要把泥巴甩向别人的时候，自己的手肯定先被污泥染脏。"不以物喜，不以己悲。"只有做到淡薄名利、才能免受尘俗牵挂；只有活得洒脱，才会领悟真正的智慧。

第七章

会说话，才能会领导

毫无疑问，领导者的语言对维护领导者形象，树立领导者威信有着重要作用。领导者如何用自己的语言来赢得足够的威信是领导语言艺术的一个关键问题。我们都知道，得体的语言对于任何讲话者的形象都非常重要，对于领导者而言更是如此。如果能使得语言与领导的其他素质配合得当，就会使领导的形象更加完美，更加令人信服。

得体语言，流露强者气势

作为20世纪后期世界最具魅力的政治人物之一，英国前首相撒切尔夫人具有令世人称道的仪表和风度。她引人入胜的演讲风格，为她树立了很高的国际威信。在上任后的第一次讲话中她这样说道：

我是继伟人之后担任保守党领袖的，这使我觉得自己很渺小。在我之前的领袖，都是赫赫有名的伟人，如我们的领袖温斯顿·丘吉尔把英国的名字推上了自由世界历史的顶峰；安东尼·伊登为我们确立了可以建立起极大财富和民主的目标；哈罗德·麦克米伦使很多凌云壮志变成了每个公民伸手可及的现实；亚历克·道格拉斯·霍姆赢得了我们大家的爱戴和敬佩；爱德华·希思成功地为我们赢得了1970年大选的胜利，并于1973年英明地使我们加入了欧洲经济共同体。

在上面的讲话中，撒切尔夫人为了表述自己的任重道远和豪情壮志，她列举了近代史上英国历任首相的功绩。

1979年，撒切尔夫人在大选中获胜，出任英国第一任女首相。在这样一个具有划时代意义的时刻，她在讲话中这样说道："不论大家在大选中投了谁的票，我都要向你们——全体英国人民呼吁：现在大选已过，希望我们携手前进，齐心协力，为我们所自豪的国家的强大而奋

领导力

你就是未来最卓越的领导者

斗。我们面前有很多事情等着我们去做，让我们一起奋斗吧！"她的演讲贴近广大民众，奠定了她在英国人民心中的位置。

1987年，她获得第三次连任英国首相的机会，她的讲话已经变得充满斗志和霸气：

"我们有权利也有义务提醒整个自由世界注意，英国再次信心百倍、力量强大和深受信任。我们信心百倍，是因为人们的态度已经发生了变化；我们的力量强大，是因为我们的经济欣欣向荣，富有竞争力，而且在不断强大；我们深受信任，是因为世人知道我们是一个强大的盟友和忠实的朋友。"

单从撒切尔夫人的演讲词上看，作为首相，她刚上任时，主要表明了自己的工作目标，以此来增加全体人民对政府、对自己的信心，获得了人民的拥戴。随着时间的历练，撒切尔夫人越来越倾向于表现自己的信心和王者之气。

显示出应有的领袖气质是树立领导威信的重要方面。所谓领袖气质，指的是一种咄咄逼人、舍我其谁的豪气。领导只有具有了这种豪气，才能卓有成效地指导工作。下文就以明朝的开国君主——朱元璋为例，来见识一下语言中的王者之气。

朱元璋当上皇帝后，经常会微服出巡。有一次，他巡游归来，一行人马走到都城金陵郊外一个渡口等船渡江。正巧，一群赶考的举子们也在等船。

举子们见渡船尚未到，就在江边吟诗做对，切磋文采打发时间。朱元璋觉得很有趣，便静静地在一旁，听他们做诗。

当日江边风景十分壮丽，万里长江滚滚东流，苍茫的钟山在雾气中时隐时现，气势磅礴，偌大的采石矶屹立于江岸，伟岸之极。

一个年轻举子凝视着眼前的壮美河山，吟道：

"采石矶兮一秤砣。"

举子们听了都一致称赞道:"这个比喻很是大气。"

朱元璋听了,笑着说道:"此句子的气魄如此之大,恐后难以为继啊!"

大家听了一想,的确如此,把这么大的一座采石矶仅仅比作一个秤砣,那秤杆、秤钩可得是什么呀?即使勉强凑出这么大的秤,又去秤什么呢?

大家面面相觑,不知如何作答。

朱元璋见状大笑,说道:"我来试一下。"说完,便高声朗诵起来:

"采石矶兮一秤砣,长虹作杆又如何?天边弯月是钩挂,称我江山有几多。"

举子们听罢后目瞪口呆,能做出如此气吞山河之气势的只可能是当今万岁,于是,举子们纷纷下跪拜见皇上。

从这个故事中,我们可以看出一个领导很容易用语言表现出自己应有的气势来,而且这种表现在很多时候还是无意的。只要你有领导的威信,就会在语言中自然流露出领导者的气势。

领导者的威信是群众由内心发出对领导者由衷敬佩与信任的真实感情,是下属对领导者的言行所产生的一种共鸣。为了树立威信,领导者应该把接近下属当成自己的目标,在工作中注意下属们尚未发现的问题,在行动上起到表率作用。重要的是,根据不同对象、场合等转换自己的讲话方式和内容,切忌态度高傲,目中无人。

承认错误远胜于为己争辩

领导者也是凡人，不可能不犯错。我们不怕犯错，不怕认错，怕的是认错不当而错上加错。当你错了，就要迅速而坦诚地承认。

美国的跨国大企业，戴尔公司在2001年对公司员工曾搞过一次调查，调查显示，有高达半数的下属表示一有机会就将跳槽，这是为什么呢？原来仅仅是由于下属认为总经理戴尔不近人情、与员工感情疏远，无法让人产生强烈的忠诚感。不过，大部分下属还是留了下来，为公司的快速成长而工作。公司创造的惊人成就与内部矛盾并存的现象人令人费解。其实，戴尔并没有什么过人之处，只是坦然承认了自己的错误并加以改正。

在2001年，戴尔就曾对手下20名高级经理认错，他承认自己过于腼腆，有时显得冷淡、不易接近，并承诺将和他们建立更紧密的联系。下属对"极度内向"的戴尔公开反省的行为非常震惊，同时也甚为感动。戴尔以下属为镜，照出都是腼腆惹的祸，腼腆是错误吗？戴尔的回答是："如果下属说是，那就是。"他认为，"认错要认下属眼中的错，不是认自己脑中的错。"

对于一家跨国公司的老板来说，认错肯定比我们想象得困难得

多，他不仅做到了而且做得很好，那么我们何不尝试一下呢？

需要注意的是，认错要选择合适的时机、对象和方式。一般来说越快认错越好，戴尔就是在知道调查结果后的一周之内当众认了错；至于对象，原则上是伤害了什么人就向什么人认错；认错的方式不是选择自己喜欢的，而是要用最能传递诚意的方式。

纽约《太阳时报》主笔丹诺先生在读稿时，常常喜欢把自己认为重要的几段用红笔勾出，以提醒排校人员"切勿将它遗漏"。

但是有一天，一位年轻校对员偶然读到一段被人用红笔勾出的文字，上面大致是说："本报读者雷维特先生送给我们一个很大的苹果，在那通红美丽的皮上露出一排白色的字，仔细一看，原来是我们主笔的名字。这真是一个人工栽培的奇迹！试想，一个完整无缺的苹果皮上，怎样会露出这样整齐光泽的字迹来呢？我们在惊奇之余，多方猜测，始终不明白这些奇迹是怎样出现在苹果上的。"

这个聪明的校对员，在读了这段文字后哈哈大笑。因为他知道这根本就是个小朋友的恶作剧，这些苹果皮上的字迹，是趁苹果还青着的时候，用纸剪成字形贴在上面的，等苹果变红时，将纸揭去就可以了。

这位年轻的校对员认为，如果登出这段文字，他们的主笔必将被人讥笑愚笨至此，竟会对这样一点小"魔术"多方猜测后还始终不明，因此，他便大胆地删掉了这段文字。

第二天早晨，看了报纸后的主笔丹诺先生，气呼呼地走来，质问他为什么没有登出原稿中用红笔勾出的关于"奇异苹果"的文章。

校对员诚惶诚恐地把他的理由解释了一遍，丹诺先生立刻十分诚挚地为自己的行为道了歉，他和蔼地说："你做得十分正确，以后只要有确切可靠的理由，即使我已用红笔勾出，你仍不妨自行取舍。"

戴尔和丹诺坦然承认错误的事例值得我们借鉴，很多时候，坦然承认错误比为自己争辩有用得多，身为领导如果掌握了这门艺术，必定会在工作中如鱼得水。

领导讲话要远离语病

高水平的口语交际一般都具有以下优点：表述语体规范、吐字清晰、思考周密、详略得当、表意准确、反应敏捷等。在一般的交际口语表述中往往会出现语病，这些语病不仅增加了他人理解的困难，影响语言交际的效果，严重的还会导致其他问题。因此，在高水平的口语交际和一般的口语交际中都应当有意识地消除语病现象。常见语病有以下几种：

1. 表述简略

语言采用省略、简称等不规范表述，说话者自认为表述完毕，听者却不知所云。表现在叙事、状物、抒情时，虽然内心对话题有一定的认识，但找不到合适的语言表达，不得不三言两语结束。

2. 口齿不清

这里的"口齿不清"者，指的是语言功能正常的人，由于过去缺乏训练，在口语表述时心里过于紧张，加上原本很少朗声说话，结果难免使人感到口齿不清。这种情况只要有意识地加强朗声阅读和当众表述的训练即可纠正过来。

3. 重语现象

重语是指在表达中经常下意识地重复自己已经说过的话，给人一种啰嗦好笑的感觉。这种现象在缺乏训练者的身上和多年从事口语训练的人的身上都有表现。对初学者而言，务必从训练初就严格禁止；对于已经形成习惯人，务必时刻注意，有意控制自己的语速。

4. 表述散漫

表述散漫的特点是表述时没有中心，东拉西扯，而且越说越远，甚至到后来连自己最初的话题是什么都忘记了。这种现象产生的根源是思维机制的主控功能不强，表述中思维运动的主方向不能紧扣话题向前延伸，在交际中很容易被非主题因素所左右和干扰。

5. 语不连贯

"不连贯性"则表现为多个分话题表述得不完整，即同一话题的几个子话题和各个分话题的表述不连贯。

通俗地说，就是一件事（或一个方面）还没说完就扯到另一件事（或另一个方面）上去；而第二件事（或方面）没有说完，又扯到第三件事（或方面）上去。语不连贯其实是由心理紧张和思维运动在紧张状态下的无序运动导致的。

6. 添加赘语

赘语与表述内容之间没有必然的联系，是说话人不自觉添加的没有实在意义的口头禅，是交际时从语言表述的"外部"强加上去的。若赘语词过多，就会占据表述时间，干扰了信息的传达。添加赘语对于信息交流，具有某种阻隔作用，不利于沟通，直接影响交际效果。

7. 节奏过慢

即通常所谓的"拉长腔"和语句之间时间过长的停顿，即所谓

"半天说一句"的情况。一直以来，人们对于节奏过慢存在一种错觉，事实上语言表述时间长、速度慢，并不会显得庄重稳健，也不能能增加语言的分量。

8. 节奏过快

语速过快给人感觉"像是开机关枪"，听众理解起来会感到比较吃力。在与他人对话时，则表现为"抢话"，即不等别人把话说完，就把话题揽了过来自己说，或者在打断了别人的话题后另起一个话题。节奏过快的现象往往出现在有一定交际能力的人身上。

综上所述，思维机制的主控功能不强，思维"运动"与发声运动表现地"不同步"，发声器官运动乏力，思维速度偏慢，因紧张而导致的心理障碍等原因都会造成在语言交际中出现语病现象。

接受系统的口语交际训练，多做朗声表述训练，是纠正语病最行之有效的办法。在训练初期，朗声表述可以有文字底稿做依托，这样有助于养成"先想好了再说"的习惯，有助于提高思维机制的主控功能和提高思维运动与发声运动的同步性，同时还有助于克服因紧张而导致的表述心理障碍等问题。

远离喋喋不休的抱怨

张先生是一家外资企业的中层管理人员，收入在工薪阶层中已算

是颇为丰厚的了。下班后张先生与人谈话就让人感到他有满腹牢骚："我每天生活得真没劲，实在不愿意给外国人做事。""我现在只有钱，没有别的，为挣这点钱一点自由都没有，干不了自己感兴趣的工作，真是没意思……"只要这样的话一出口，他就会滔滔不绝，一个小时都停不了。如果你满心同情，真心诚意地鼓动他去从事他真正感兴趣的工作，去发挥他自己更大的才能。他是绝不会去做的，而且他又会喋喋不休地给你列出其他工作的不尽如人意之处，自己有一万个理由不能换工作。

爱喋喋不休地抱怨的人给人的第一印象是：像沿街乞讨的乞丐。他们与人见面，张口就说"我的命运太差"，"我的工作让我很烦"，将他们日常生活中的无数小事与无尽烦恼向别人倾诉，哀叹不已。其实每个人的生活都有烦恼，而别人有什么义务浪费时间听你那容易破坏心情的唠叨与抱怨呢？所以喋喋不休地抱怨只能引起别人的厌烦而不是同情。

抓住要点，长话短说，是赢得别人喜欢的一件法宝，也是一种说话的谋略。

德国著名诗人和戏剧家贝托尔特·布莱希特讨厌那些冗长单调而又没有多大效果的会议。

一次，有人请他参加一个作家的聚会，并让他致开幕词。布莱希特公务缠身，不想参加，便委婉地拒绝了。哪知，举办人并不罢休，他们想尽一切办法，直至布莱希特无可奈何地答应为止。

开会那天，布莱希特准时到会，悄悄地坐在最后一排。主办人看到后，把他请到了主席台就座。

一开始，主办人讲了一通很长却没有什么实际内容的贺词，向到会者表示欢迎，然后，高声激动地宣布：

"现在，有请布莱希特先生为我们这次大会致开幕词。"

布莱希特站了起来，快步走向演讲的桌子前。到会的记者们赶紧掏出笔和小本子，照相机也咔嚓咔嚓响个不停。

不过，布莱希特却让某些人失望了，他只讲了一句话：

"我宣布，会议现在开始。"

从上面这个故事中可以看出长话短说，最重要的就是说出你要谈论的主题，其余的客套话尽量少说或不说，这样你的听众才不会感到心烦意乱。

当然，长话短说必须针对特定的对象。假如对方跟你并不是很熟悉，而你则一上来就直奔主题，势必让人感觉唐突，其效果可想而知。

一般说来，长话短说针对那些跟自己关系比较熟识的人，或者是在一些比较正式的场合，如：商业谈判、会场、做报告演讲等。如果能够做到抓住要点，一针见血，没有那么多冗长的废话，就会很快地吸引听众，使他们迅速地进入主题，而一味长篇大论，则会始终不得要领。

舍弃不懂装懂的陋习

人们常有这样的心态：如果凡事都一无所知，心里便容易产生唯恐落于人后的压迫感。因此，在绝不服输或"输人不输阵"的好胜心作祟下，一些一知半解的领导处处装腔作势、喜欢不懂装懂，以此来维护自己的颜面。

就连简单的小事，这样的领导都要咬文嚼字地卖弄一番，动不动上纲上线，说些大道理。他们表面一副什么都懂的样子，其实只是由于强烈的自我表现欲所产生的虚荣心在作祟。

生活中，有些人乍看很普通，而经过认真的深谈之后，你却被其内心的思想所折服。真正有思想的人，往往表现地坦诚直率，喜欢使用简单明了的词汇，绝不会不懂装懂。花哨不实的言论只适合逢场作戏，朋友关系必须在真诚的基础上建立。领导与周围的人是靠真实的个性彼此吸引，而不应该强硬地逼迫对方接受自己的意见。为了使别人接受自己的意见，卖弄一些生僻的词汇，刻意表现自己的水平高人一等，这些装腔作势的行为只会让人觉得格格不入而难以接受。

不难发现，愈是爱表现的人，愈是知之甚少。领导完全没有不懂装懂的必要，可以与下属互相地取长补短。看到别人比自己专精的地方就不耻下问，碰到自己很专精的事，也要以谦虚的态度来展现实力，这样的领导才能使他人信服。

现代社会处在一个包罗万象的信息时代，每个人所吸收的知识都不可能覆盖万事万物。每个人都需要用虚心的态度与人交往，尤其是领导，凡事都自以为是的人，必然得不到大家的尊敬。

不论是不懂装懂还是真的无知，都同样不利于扩展交际范围。

N先生是一家不具规模的小杂志社社长，不管是什么场合，他总喜欢装腔作势，摆出一副无所不知的样子，故意地降低自己的声调来表现庄重，时时不忘自我宣传。

然而，不论他再怎么会表演，夹着再多的暗示性话语或英语来发表高见，还是得不到大家的认同，他出版的杂志或周刊也根本不入流。

领导力

你就是未来最卓越的领导者

与他本人一样，他所出版的刊物，总是被人批评为现学现卖，是肤浅的杂学之流。时间一长，当他一开口说话，旁边就会有人说："天啊！又要开始了。"说大话、吹牛并无不同，他本来并没有高人一等的智慧，却还装出一副什么都懂的样子，只会让人看做是虚张声势的伪君子。

在社交关系中最令人敬而远之的，就是像他一样喜欢不懂装懂的人。

"知之为知之，不知为不知。"承认自己有不知道的事没有什么难为情，为了要自抬身价而不懂装懂才更为丢人，一旦被人揭穿，只会让人心生厌恶。

"闻道有先后，术业有专攻。"每个人都有自己的专长，不可能事事精通。所以，在人际交往中一定要保持一个良好的心态，切忌不懂装懂。

怎样讲话才有力量

林肯说："不论人们如何仇视我，只要他们肯给我一个略说几句的机会，我就可以把他们说服。"

这是何等自信？大凡历史上能言善辩的领袖人物都具有这种强烈的自信意识，很多革命领袖尤其如此。"这个军队具有一往无前的精神，它要压倒一切敌人，而绝不被敌人所屈服。"这种大无畏的英雄气概来自于对自己军队的坚定信任。有了这种坚定的信任才会对自己的观点、对自己的表述目的坚信不疑，表述时才会神态自若、思维敏捷、记忆精确，兴奋与抑制过程才会处于最佳状态，表述才会得心应手、左右逢源，才会毫无做作、真切动人，从而产生极强的感染力和说服力，使表述目的得到最佳实现。一个没有目标、胆小犹豫的人是无法发挥当众讲话的力量的，其讲话的目的更是无从实现。

　　"知识就是力量。"要有丰富的学识、阅历，对表述材料要充分熟知，像许多伟人和名人那样谈吐睿智、幽默，都是以学识渊博和阅历丰富为基础的。所以要有好的口才，必须多读书、多参加实践，并且用做卡片之类的方法把知识储备起来，这样说话时才有材料可供调遣。在具体说话时，则应当对表述的材料充分熟知。这里所说的熟知，不仅指对材料的明确理解和清晰记忆，还包括根据表述类型所做的不同选择和准备。例如在"以事告人"为目的的表述中，主要依靠运用记忆，精确地说明和解释有关人或事的状况、特征等，使对方确切理解你所传达的信息；在"以理服人"的表述中，就要求说出自己的精湛理解。以便有说服力，影响对方，使人们建立起新的观点，或强化已有的观念；在"以情动人"的表述中，就需要真挚地表达出丰富情感，以便极大地感染听众，使其得到进一步的升华。

　　总之，广博的知识、丰富的阅历，可使人在掌握大量材料的基础上当众讲话，听众能从中获取有益的信息，表述者也可从容不迫，挥洒自如，充分占有材料。熟知材料是培养自信的基础条件，正所谓"充实，是自信的前提"，而"自信，就是力量的源泉"。

领导力

你就是未来最卓越的领导者

学会待人接物

在青少年朋友的成长过程中，自主能力和社交能力是相辅相成的。在生活中你会发现，凡是自主能力强的孩子，其社交能力都比较强。

生活在现代社会的人，必须学会待人接物的方法，善于与人礼貌往来。因为具有和谐的人际关系无疑已成为当今世界人才的重要素质之一。有些青少年因缺乏待人接物的经验，往往在交际中很难有令人满意的表现。

主动参加接待客人的活动，有利于培养青少年朋友的主人翁精神。在参与接待客人的过程中，体会到主人和客人地位的不同，自然会产生一种自豪感和责任感，会比平时更小心，殷勤百倍，也有利于培养青少年朋友礼貌待人的好习惯。要接待好客人，让客人满意，就必须在语言、行为上都讲究礼貌，实际上是给自己提供了礼貌待人的练习机会，而且能学到一些待人接物的方法。最初，青少年朋友是不会接待客人的，这就需要学习和锻炼。

怎样培养接待客人的能力呢？可以尝试以下一些方法：

做好心理准备

在客人尚未到来之前，青少年朋友应该向父母了解，客人什么时

间来，谁要来，客人与父母、与自己的关系以及该如何称呼，使自己在心理上做好接待客人的准备。

与父母共同做准备工作

青少年朋友可以和父母一起做接待客人的准备工作。如打扫房间，采购糖果等，共同创造一个欢迎客人的气氛。

在父母的帮助下接待客人

例如，客人来了，青少年朋友可以在父母的帮助下招呼每一个人，请客人坐，请客人吃糖果。还可以把自己的玩具拿出来给小朋友玩，把自己的相册拿给大家看。

学着与客人交谈

青少年朋友应大方地回答客人的问话，在别人讲话时不随便插嘴。如果自己在某一方面有特长，可以主动为客人表演。制造出一种轻松、愉快、热烈的气氛。

待人接物不只体现在招待客人上，而且渗透于青少年朋友生活的方方面面。

每个人都有自己生存的空间，然而在这个空间中家有家规，校有校规。没有规矩，难以成方圆。青少年朋友要从小就懂得规矩，并遵守规矩。

青少年朋友要明白一些规矩和事理，校规不是束缚我们，而是为了让我们更好地适应有规则和秩序的世界。

当青少年朋友迈入学校时，会有学校的学生守则、考试纪律等。比如说没有考试纪律，学生都作假舞弊，那么，会出现什么样的局面？你应知道遵守规则是每个人都必须去做的。

公园、电影院是公共活动的场所。规则和秩序是社会公共生活中的基本准则。

看电影是人们最普遍的休闲娱乐，虽然看电影的心情可以绝对休闲，但进电影院的公德心却绝对不能缺：入座位时，若座位狭窄，借过时必须面朝座位上的人，并随时轻声地说："对不起！请借过！"通过后记得说："谢谢！"

电影放映中，必须肃静，不可交谈、讨论剧情，妨碍他人观赏；不过，如果你背后的人老是讲话，回头怒视也是很不礼貌的行为，此时最好静静观赏，也可在尽量不影响别人观赏的情况下，再换个适宜的位置。如果不得已，可请电影院经理来解决。

患感冒、咳嗽等疾病，应避免进入电影院，不仅咳嗽声影响他人，也可能把感冒细菌传染给他人。

影片放映过程中，不可鼓掌或吹口哨。

温特说："彬彬有礼是高贵的品格中最美丽的花朵。"

培养讲文明、有礼貌的美德是一个循序渐进的过程，不可能在一夜之间就变得彬彬有礼。当发现自己不习惯用敬语时，便应立即加以矫正，直到养成了说敬语的好习惯为止。切记不要把许多问题都集中起来，试图突击解决。正确的做法应该是发现一个问题就立即解决。

我们都希望能成为有教养的青少年。所以，就要知道我们哪些言行是文明礼貌的，哪些言行是粗鲁无礼的。

法国前总统德斯坦是事事处处讲究礼貌的楷模。接待外宾，不论是来自大国小国，也不论其职位高低，他都以礼相待。

一天夜里，他亲自去机场为一位外宾送行，同行的还有一些常驻法国的外交使节。在返回途中，司机为了让德斯坦早一点休息，而加速行驶。但是，前面的一辆外国使节的车，偏偏由于该使节晕车，而行驶缓慢。

司机暗暗憋气，并烦躁地打算超过那辆外国使节的汽车。德斯坦察觉后立刻制止，说："我们怎么能那样做呢？要有礼貌嘛！我晚回去一点没有什么关系，可不能在别的国家使节面前丢我们法国的脸啊，法国是世界上最讲礼貌的国家。"司机听了十分感动，马上减速行驶。

一个人的修养决定着他的生存方式。有修养的人，不但能受人尊重，而且还能成大器；没有修养的人，不但害人害己，还会不得人心。对于青少年来说，尤其在公共场合，更应重视自己的行为举止，学会待人接物。

学会赞美别人

每个人都需要赞美，赞美有着令人意想不到的神奇力量。

英国首相丘吉尔曾说过一句话："要人家有怎么样的优点，就怎么赞美他！"这说明赞美具有展现潜能的效果。因你的一句赞美，他（她）坚持到底；因你的一句赞美，他（她）走出低谷；因你的一句赞美，他（她）肯定自我；因你的一句赞美，他（她）终于能披荆斩棘，迈向成功……

这些，都是赞美的力量。

赞美是一小笔投资，只需片刻的思索就能得到意想不到的报酬。这话有些道理，但似乎又有太多的实用主义。赞美不应该仅仅为了报

酬，它应该是沟通情感，表示理解的方式，如同微笑一样，也是照在人们心灵上的阳光。

莎士比亚说过："我们得到的赞扬就是我们的工薪。"从这个意义上说，每个人都是别人"工薪"的支付者。杰出人士总是慷慨地把这笔"工薪"支付给应得的人。

赞美之所以对人的行为能产生深刻影响，是因为它满足了人的较高层次的需要。一般说来，高层次的需求是不易满足的，而赞美的话语，部分地给予了满足。这是一种有效的内在性激励，可以激发和保持行动的主动性和积极性。

每一个懂得赞美艺术的人都会意识到赞美对于给予者和接受者而言会有同样的快乐，就如同一个画家或者是一个音乐家以为别人创造美感作为自己的快乐一样。赞美也给人以温暖，让这个缤纷多彩的世界充满了另一种美妙的音乐。

有一回，王先生的同事参加一次会议，并提了报告。王先生和他不属于同一部门，但也参加了这项会议。

这位同事的报告寻常无奇，现场也没得到任何掌声。散会后，王先生和这位同事在厕所相遇，王先生说："你刚才的报告很好，简明扼要，我很欣赏！"

这位同事本来就不指望他的报告得到谁的注意，但王先生的几句话，却让他的心情愉快了一天。

王先生常对别的同事表示他的"欣赏"。碰到男孩子穿了新衣服，他会不经意地说："哦，很帅！"碰到女孩子换了新发型，他也会故意睁大眼睛说："原来是你，我以为是哪个美人来了！"

不管他的"欣赏"是真心还是客气，但有一点可以肯定，就是每个人听了他的"欣赏"，都会笑逐颜开。

把握时机，适时赞美

对于自己周围的人身上值得被赞美的特点，尽可能随时随地去发现，然后抓住，及时反馈。将自己所关注的某个人的某个动作、某句话或者所做的某件事情，记在心中，然后寻找最合适的机会和场合进行赞美。

这需要深入了解对方的兴趣爱好、优点、人品、成就等，这样在赞美他人时才不会无话可说，或者只能泛泛而言，达不到理想的赞美效果。

1971年，周恩来在接见对华访问团中的美国代表时，他的一番很有针对性的赞赏便很经典。

周恩来微笑着握住基辛格的手，友好地说："这是中美两国高级官员二十几年来第一次握手。"当基辛格把自己的随员一一介绍给周恩来时，他的赞美更是出乎他们意料之外。他握住霍尔德里奇的手说："我知道，你会讲北京话，还会讲广东话。广东话连我都讲不好。你在香港学的吧！"握着斯迈泽的手说："我读过你在《外交季刊》上发表的关于日本的论文，希望你也写一篇关于中国的。"周恩来握着洛德的手摇晃："小伙子，好年轻，我们该是半个亲戚，我知道你的妻子是中国人，在写小说。我愿意读到她的书，欢迎她回来访问。"

这样技巧高超的赞美，难怪会征服了美国人的心。

用词考究，适度赞美

赞美的误区是夸张与肉麻，赞美目的的误区是阿谀奉承。效果良好的赞美往往来得含蓄而让人觉得有分量，这样的赞誉之词更加让人迷醉。

马克思说："真理向前跨一步就是谬误。"赞美也是这样。真诚的赞美是应该有所保留的。几何学中，线段有一个黄金分割点。赞美也

一样，也有这样的一个界限。

尼采临死之前自称是永不落的太阳，他过高地赞美了自己。结果，他疯了。赞美如果往前跨一步，也可能会变成溜须拍马的伎俩。适度的赞美，会让人觉得心情舒畅，而超过了限度的赞美则会使人感到尴尬，甚至是厌恶。所以，青少年朋友在赞美别人时，一定要较为合理地把握好尺度。

唯有真诚最动人。青少年朋友，在赞美他人时请不要为赞美而赞美，要情真意切、合乎时宜、适可而止。不仅要"锦上添花"，更应力求做到"雪中送炭"，让别人实实在在地感受到你的关爱与欣赏，你的赞美才会产生人际魅力。

第八章

穿越古今，跟着名人学领导

纵观古今，无论是帝王将相，还是现代企业的领导人，在用人和管理方面，都有自己独特的一面。豁达大度、仁德之心、朴素节俭等等，这些名人所流露出来的领导气势或者一些领导方法正是值得我们学习的地方，下面就让我们一起穿越古今，领略其中的领导之道。

秦始皇：王者风范，舍我其谁

在2000多年以前的战国时代，中国大地上，并立着许多国家，在这些国家中，实力雄厚的，有七个大国。七国纷争不断，战火连连。终于，一个人登上了历史的战车，凭借着本国的铁骑，他征服了并立的其他六国，开创了一个前所未有的统一大帝国，站在时代的最高峰，他霸气地给自己进行了定位——始皇帝，他就是被后人称为千古一帝的秦始皇嬴政。

霸气，是一种王者风范，也是一种潇洒的气度，更是一种坦荡的胸怀。秦始皇就是霸气的化身，这一点可以从皇帝的由来说起。

秦王嬴政觉从"三皇""五帝"中各取一字，号为"皇帝"，并批准"制"、"诏"、"朕"作为皇帝专用术语。秦始皇开始了中国皇帝和皇权的历史，他利用三皇五帝的威望来抬高自己，他本人也成为一个至关重要和影响深远的历史人物。

秦统一六国之后第一件事就是议帝号，《史记·秦始皇本纪》记载，秦王政下了一道这样的诏谕：

今名号不更，无以称成功，传后世。其议帝号。

公元前221年，这是秦始皇人生中最为辉煌的巅峰时刻，这更是中

华民族历史的"统一元年"。

秦王政召集丞相王绾、御史大夫冯劫、廷尉李斯等人，在御前会上开始了"议帝号"之事。他在咸阳宫接受文武百官朝贺的时候说："寡人如今消灭了六国，统一了天下，也该换一个名字了，若不更换名号，仍然称'王'，同原来六国的国王还有什么区别？又怎能显示成功，传之后世？"

此时，72博士等文武群臣纷纷出谋划策，各自准备了一套方案。为此，丞相王绾、御史大夫冯疾、廷尉李斯等人召集了几次取名专题大会，终于达成了统一的意见，上奏秦王政，奏书载于《史记·秦始皇本纪》：

昔者五帝地方千里，其外侯服、夷服，诸侯或朝或否，天子不能制。今陛下兴义兵，诛残贼，平定天下，海内为郡县，法令由一统，自上古以来未尝有，五帝所不及。臣等谨与博士议曰："古有天皇，有地皇，有泰皇，秦皇最贵。"臣等昧死上尊号，王为"秦皇"，命为"制"，"令"为"诏"，天子自称曰"朕"。

《史记索隐》说："天皇、地皇之下云秦皇，当人皇也。"有人认为，"古有天皇、地皇、泰皇，秦皇最贵"，建议秦王政称"泰皇"；有人说，大王德过三皇，功高五帝；有人说，就是把三皇五帝加起来也比不上大王，所以建议称"泰皇"。"泰皇"也就是与"天皇""地皇"相对的天下百姓之"皇"。古书曾说：三光者，日、月、星，三才者，天、地、人。

秦始皇"皇帝"尊号的创造，无疑是他的一大创举。

秦始皇自称"始皇帝"后，为了显示皇帝的绝对尊严，便规定皇帝自己称"朕"。"朕"，原意是"我"的意思，任何人都可以用，可是自秦始皇称"朕"之后，这个字就成了"皇帝"的专用名词。

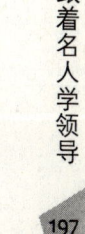

秦始皇不仅觉得自己活着时应该享有至高无上的地位，死后也应该受人尊敬，不能为人随意评论。于是，秦始皇下诏告知群臣："朕闻太古有号毋谥，中古有号，死而以行为谥。如此，则子议父，臣议君也，甚无谓，朕弗取焉。自今已来，除谥法。"

秦始皇一句话，永远剥夺了子孙后代及群臣吏民对皇帝一生的功过是非进行评价的权利，实际是只开追悼会不致悼词。谥法开始于西周初年，帝王、后妃、重臣死后，根据一生所作所为进行盖棺定论。

秦始皇认为自己"德兼三皇，功过五帝"，便不失时机地自称"皇帝"。他说："朕在历史上第一个称皇帝，在'皇帝'的前边再加上个始字，叫做'始皇帝'。今后子孙做皇帝，就以世数计算，叫做二世皇帝、三世皇帝，一直到千世万世，永远传下去。"这自然只是一种梦想！

公元前221年后，中国历史在很大程度上就围绕"皇帝"展开了，从而形成中国的皇帝制度。

中国的皇帝制度始于秦始皇。它延续了2100多年，出现过大大小小的皇帝334人，其中《二十五史》本纪中所记载的皇帝就有221人。皇帝制度延续时间如此之长，皇帝人数如此之多，是中国历史的一大特点。

千百年来，很难有人能够像秦始皇的成就，如统一六国那般的壮举，有指点江山、挥毫笔墨间国家的版图就一步步扩大的豪气，更不用说是自认堪比三皇五帝，甚至有过之而无不及的千秋功业的霸气。所以，他可以自称始皇帝，创立帝号，天下唯我独尊。

嬴政做了一些前无古人的业绩，所以他发明了"皇帝"一词，被世人称为秦始皇。

嬴政废除了先前所有的不能够体现他的尊贵的礼法，统统按照自己的意志进行了修改，唯一的宗旨就是神圣化、威严化自己的最高权

力，实现前所未有的集权，使人人敬畏皇权，不敢冒犯皇帝，从而可以独步天下，唯我独尊。

正因为秦始皇心中装有霸气，他最终才灭掉六国，完成一统山河的大业。

古今中外，成大事者，无不具有一种君临天下的霸气，诗仙太白，气质中的霸气所指，敢以力士脱靴，贵妃捧砚，御手调羹；开创了新时代的毛泽东，霸气回肠之时，欲与天公试比高；美国现任总统奥巴马，一身霸气，在竞选之前就抛出："如果认为自己会竞选失败，我就不会来参加"的豪言壮语。这就是霸气，这就是君临天下，江山任指点-的成功之气。

刘备：隐忍得天下

三顾茅庐、桃园三结义等等典故为后人所熟知，这就是三国时期蜀汉的开国皇帝，他为人谦和、礼贤下士、宽以待人、志向远大、知人善用、素以仁德为世人称赞，是三国时期著名的政治家。

东汉末年，曹操挟天子以令诸侯，势力很大；刘备虽为皇叔，却势单力薄，为防曹操谋害，不得不在住处后园种菜，亲自浇灌，以为韬晦之计。关羽和张飞看刘备那样没志气，忍不住抗议。刘备告诉他们说："我哪里是真的在种菜？我是为了避曹操的耳目。曹操对我注意已久，此地不可久留。"

　　有一天，刘备正在后院干活，突然曹操派人来请他，刘备吃了一惊，心里怦怦直跳，胆战心惊地一同前往觐见曹操。曹操不动声色地对刘备说："在家做得大好事！"说者有意，听者更有心，刘备吓得面如土色，曹操又转口说："你学种菜，不容易。"这才使刘备稍稍放心下来。曹操说："刚才看见园内枝头上的梅子青青的，想起以前一件往事（即'望梅止渴'）。今天见此梅，不可不赏，恰逢煮酒正熟，故邀你到小亭一会。"刘备听后心神方定。随曹操来到小亭，只见已经摆好了各种酒器，盘内放置了青梅，于是就将青梅放在酒樽中煮起酒来了，二人对坐，开怀畅饮。酒至半酣，阴云密布，大雨将至，突然天空有一股龙卷风，曹操问：

　　"玄德知道龙的变化吗？"刘备说："不知道它们的具体情况。"曹操说："龙能大能小，能升能隐，大则兴云吐雾，小则隐介藏形，升则飞腾于宇宙之间，隐则潜伏于波涛之内。现在是春末，龙乘时变化，就好像人得志而纵横四海。龙作为一种事物，可比做当今世上的英雄。您长期游走四方，一定知道当今世上的英雄，请指出来给我听听。"

　　刘备听出曹操话里有话，忙说："我刘备肉眼怎么能看出谁是英雄？"曹操说："不必太谦虚。"刘备说："我得到丞相的恩庇，在朝廷里当了个官。天下英雄，实在不知道。"曹操还是穷追不舍："哪怕没见过他们的面，总该听过他们的名字吧？"

　　刘备只好说："淮南袁术，兵多粮广，可以称作英雄？"曹操笑着说："袁术好像坟墓中的枯骨，我早晚要抓住他！"

　　刘备又说："河北的袁绍，是四世三公，门多故吏，现在盘踞冀州之地，部下能干的极多，可算是英雄？"曹操说："袁绍色厉胆薄，好谋无断，干大事而吝惜自己的身体，见小利可以忘记性命，不

领导力

你就是未来最卓越的领导者

是英雄。"

刘备说："有一人名称八俊，威镇九州，刘表可以称作英雄吧？"曹操说："刘表虚名无实，也不是英雄。"

刘备又说："有一个人血气方刚，江东领袖孙策是英雄吧？"曹操说："孙策是借他父亲孙坚之名，不是真正的英雄。"

刘备说："益州刘璋，可算是英雄吧？"曹操说："刘璋虽然是宗室，但不过是个守门户的狗，怎么能称为英雄？"

刘备又说："像张绣、张鲁、韩遂等人怎么样？"曹操大笑说："这都是些碌碌小人，何足挂齿！"

刘备说："我说了这么多，都不算英雄，除此之外，我实在不知道了。"

曹操此时正想打探刘备的心理活动，看他是否想称雄于世，于是说："夫英雄者，胸怀大志，腹有良谋，有包藏宇宙之机，吞吐天下之志者也。"刘备问："谁能当英雄呢？"曹操单刀直入地说："当今天下英雄，只有你和我两个！"刘备一听，吃了一惊，手中拿的筷子，也不知不觉地掉到地下。正巧突然下大雨，雷声大作，刘备灵机一动，从容地低下身拾起筷子，说："圣人说：'迅雷风烈必变'，真的是这样。"表现出他是因为害怕打雷，才掉了筷子。曹操此时才放心地说："大丈夫也怕雷吗？"刘备说："连圣人对迅雷烈风也会失态，我还能不怕吗？"刘备经过这样的掩饰，使曹操认为自己是个胸无大志、胆小如鼠的庸人，曹操从此再也不疑刘备了。

"迅雷风烈必变"这句话出自《论语·乡党篇》，它的意思是孔子遇疾雷暴风，必定改变容色，表示对上天的敬畏。刘备借用这句话的意思是：打雷的威力无比，竟吓得他匙筷落地。他用这句话来掩饰内心的窘迫，也瞒过了多疑的曹操。

这是一段传诵千古的精彩对话，刘备在这里充分展示了处变不惊的性格特点，身处逆境而不忘胸中大志，既有胸中大志却又不表露于外，这是弱者躲避强敌而保全自身的聪明行为，刘备为一代枭雄，巧妙地运用韬光养晦的策略骗过了曹操的眼睛，算是世间奇人吧！

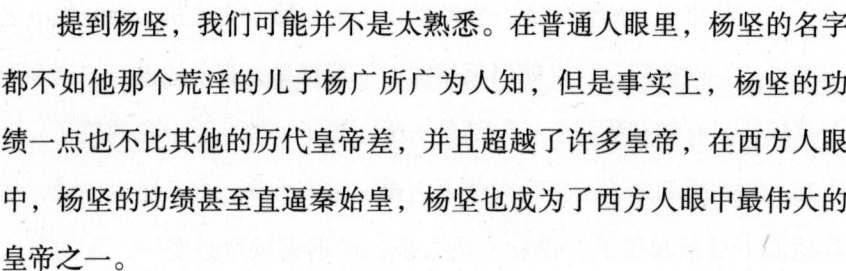

杨坚：节俭是一种美德

提到杨坚，我们可能并不是太熟悉。在普通人眼里，杨坚的名字都不如他那个荒淫的儿子杨广所广为人知，但是事实上，杨坚的功绩一点也不比其他的历代皇帝差，并且超越了许多皇帝，在西方人眼中，杨坚的功绩甚至直逼秦始皇，杨坚也成为了西方人眼中最伟大的皇帝之一。

史称杨坚"居处服玩，务存节俭，令行禁止，上下化之"。杨坚规定，六宫妃嫔，穿过和洗过的旧衣服，都要再穿；外出所乘的车轿等物，尽量不作新的，有的地方破了，随时补一补再用。日常饮食，只要不是举行宴会，最多只有一个肉菜。开皇元年（581年）三月，他诏令"犬马、器玩、口味不得献上"。四月，禁杂乐百戏。有的官吏给他送干苗，用布袋装着，他认为太耗费，大加谴责。他去进香，有关部门官吏用毡袋装香料，他认为太靡费，竟然用竹板打了送香料的官吏，说是作为后戒。杨坚所穿的衣服，多是布帛所做，很少用绫罗绸缎。开皇十五年（595年）相州刺史豆卢通贡奉了一些绫文细布，杨坚命在朝堂上当着群臣的面烧掉，以戒奢侈。

杨坚的节俭，还表现在后宫的清简，以及对后宫和皇子的约束上。

北周宣帝在位时，荒淫无度，皇后就有5个，贵人以下，更无定数。后宫衣饰粉黛耗费惊人。杨坚即位后，进行大幅度变革，除皇后外，私宠很少。由于独孤皇后嫉妒心重，虚嫔妾之位，不设三妃，自嫔以下，置60员，只及隋炀帝时后宫120员之半。较之晋朝开国皇帝晋武帝司马炎后宫美女近万人，更显得清简了。独孤皇后限制了杨坚的荒淫，也节省了开支。

开皇十一年（591年），西疆吐谷浑主遣使至隋都，奉表称藩，请求接纳美女以备后庭。杨坚不允，他对吐谷浑使者说："朕情存安养，欲令遂性，岂可聚敛子女以实后宫乎？"

由于独孤皇后的嫉妒，不许杨坚的妃嫔美饰，进一步助成了后宫嫔妃的节俭。有一次，杨坚要配止痢药，需用一两胡粉，结果找遍宫中也没有找到；又有一次，他想找一条织成的衣领，宫中竟然也没有。

杨坚经常教育他的儿子注意节俭。有一次太子杨勇因为在一副蜀地（今四川）出产的铠甲上刻上花纹，就批评他奢侈。杨坚命人取出一些他穿过的旧衣服，留在杨勇那里随时观看，警戒他不要奢靡。又把他以前佩带过的一把刀子和杨勇当年任上士时常吃的酱菜一合，一并赐给杨勇，劝他不要忘记过去，可谓用心良苦。以后杨勇仍追求铺张，成为他被废黜的原因之一。

杨坚的第三子杨俊，也是因为奢侈不法，受到杨坚严惩。

在开皇元年，也就是公元581年，杨俊被立为秦王。第二年，杨俊被授予上柱国、河南道行台尚书令、洛州刺史，加封右武卫大将军、领关东兵，当时只有12岁。在开皇三年，也就是公元583年，做秦州总管。当时杨俊崇敬佛、道，想出家为僧，但在杨坚的坚决反对下，只好作罢。在开皇六年，也就是586年，迁山南道行台尚书令。在平陈战争中，任山南道行军元帅，督30州总管，屯兵汉口，为长江上流节度，立有战功。后授扬州总管44州诸军事，转并州总管24州诸军事。

在做官之初，杨俊名声很好。听到这个消息后，杨坚特别高兴，于是奖赏杨俊。但是皇子之身使杨俊变得越来越狂妄，不仅生活越来越奢侈，而且全然不顾法律禁忌。他让下属放高利贷以此来敲诈勒索百姓和小官吏。得知此事后，杨坚派人调查并抓杨俊手下100多人。但这并没有起到惩治杨俊的作用，反而使他更加肆意妄为，奢靡生活程度更深。此事使杨坚甚是恼怒，于是下令罢免杨俊官职。

在杨俊得到如此惩罚之时，左武卫将军刘升为他说情。刘升说，"秦王也没有其他的过错，只是生活有点奢侈罢了，我觉得这是可以宽恕的。"杨坚说："法律制度是不能违背的，任何人都得遵守，否则就是虚设。"刘升还想劝说，但见杨坚彻底翻脸他只得作罢。

过了几天，大臣杨素又去劝说杨坚，企图使杨坚赦免杨俊。但杨坚仍然不肯，说："我有五个儿子，如果就如你所说赦免杨俊，那我如何去让其他儿子听我的话，连儿子都管不了，我怎么去治理天下？"杨坚仍然坚持"王子犯法与庶民同罪"，作为帝王，这是难能可贵的。

本来，杨俊因宠幸姬妾，遭其妃崔氏嫉妒，于瓜中放毒，使杨俊染病，征还京师。杨俊罢官以后，病情加重，卧床不起。杨俊抱病致书杨坚，表示认罪，请求宽恕。杨坚对送信的人说："我艰苦创业，都是为了他们子孙，希望他们守之而不失。他是我的儿子，却要断送杨家天下，叫我还有什么可说？"杨俊听后既惭愧又害怕，病情进一步加重。大都督皇甫统上表，请求杨坚宽赦杨俊，恢复原官职。杨坚心如铁石，不因杨俊重病而怜悯，仍然不许。

开皇二十年，也就是公元600年，六月，杨俊病死，当时仅30岁。听杨俊去逝，杨坚只哭了几声就不哭了，并且命令把杨俊所有的奢侈之物都烧掉。另外，杨坚还下令入葬礼仪一切从简，这是为了警示来者。当时，杨俊手下僚佐请求杨坚为杨俊立碑，但杨坚严词回绝，他说："如果想被后人记住，写入史书即可，还用得着立碑吗？如果后代不能保家卫国，立碑只是更具有讽刺意味罢了。"

　　这便是杨坚大义灭亲、严惩皇子杨俊奢侈不法的经过，足见杨坚实行节俭政治是比较坚决的。

　　"俭以养廉。"杨坚实行节俭政治造就了一批廉洁的官吏。杨坚对于清廉的官吏，一表彰，二赏赐，三升迁，使廉洁之士立身于朝，树为榜样，发挥更大的作用，这是杨坚的贤明之处。

　　如果你养成了节俭的习惯，那么就意味着你具有控制自己欲望的能力，意味着你已经具有了独立自主、自力更生的能力。节俭是人生的导师。一个节俭的人勤于思考，也善于制定计划。

忽必烈：常怀仁德之心

　　忽必烈是历史上第一位入主中原的少数民族皇帝，他凭借着自己的英勇顽强，和自己的谋略善断，最终成长为和他的祖父成吉思汗一样威震八方的勇士。忽必烈在历史上给后人的印象大多都威风凛凛，威震

八方，其实他也是一位很仁慈的皇帝。

忽必烈胸怀大志，"思大有为于天下"。为了自己的理想，他积极地学习先进的汉族文化，敢于开拓创新变革祖制。在儒家思想的熏陶下，忽必烈逐渐形成了宽仁厚重的性格，比起历史上那些性格暴躁、喜怒无常的皇帝来，忽必烈要温和得多，他没有因为喜悦和偏爱而赏赐一个无功者，也没有因为发怒乱杀一人。他对社会各个阶层的人物都具有一定的同情心，因此，特别慎于用刑。

忽必烈曾经对管如德说："朕治天下，重人命，凡有罪者必令面对再四，果实也而后罪之，非如宋权奸擅权，书片纸数字即杀人也。汝但一心奉职，毋惧忌嫉之口。"忽必烈是这样说的，也是这样做的。他在杀卢世荣和桑哥之前，都曾召集大臣和卢世荣、桑哥论辩，诸事落实之后，方才杀人。桑哥当权、最受忽必烈爱幸之时，程钜夫曾上书弹劾桑哥，桑哥怒不可遏，羁留程钜夫，"奏请杀之，凡六奏，帝皆不许"。忽必烈没有因为爱幸桑哥而按他的话去乱杀人。

忽必烈曾经对宰臣说过："朕或怒。有罪者使汝杀。汝勿杀，必迟回一二日乃复奏。"史家对此话十分感慨，谓"斯言也，虽古仁君，何以过之"。确实，忽必烈为了避免乱杀无辜，想尽了办法，其慎刑仁恕之心历历可见。

李璮叛乱，忽必烈追究其事时，发现一些汉人曾同李璮往来，也意识到一些汉人极力反对蒙古人的统治，但他控制住了自己的感情，仅杀了与李璮叛乱有关的王文统，其余，装作不知道一样，不做任何处理，没有把事情搞得扩大化。

阿合马事件发生以后，他看到了其中汉人反对包目人以至反对蒙古统治的迹象，但他也没有把事情扩大，仅杀了王著、高和尚、张易等人，其余不加追究。后来的卢世荣事件、桑哥事件，忽必烈处理得也很

领导力

你就是未来最卓越的领导者

慎重，没有扩大化。就连南台御史上章请求忽必烈禅位于皇太子真金之事，忽必烈也未予深究。实际上，忽必烈要弄清南台御史上章之事，不是很困难的，他不加深究就是不想把事态扩大，比较宽松地处理了似有发展成为政变的大事。

忽必烈不仅对一些大事处理谨慎，就连一些小事也体现出了慎刑的精神。比如，宋将刘整投降蒙元以后，宋朝荆湖制置使李庭芝为了离间刘整与蒙元的关系，特以金印牙符，授给刘整汉军都元帅、卢龙军节度使、晋封为燕郡王等官职。其书被永宁令得到，立即传送于朝，忽必烈令张易、姚枢了解其事。刘整亲自辨明于朝，说自己实在不知。忽必烈听了刘整的话，未加深究，仅让刘整复书李庭芝就算完事。由于忽必烈处理慎重得体，没有激起刘整之变，一直死心踏地为元朝卖命。

一次，有位牧人盗割驼峰，忽必烈非常生气，下令处死牧人。铁哥听说其事，谏阻道："生割驼峰，确实残忍，但因此处死牧人，恐非陛下仁恕之心。"忽必烈听了，觉得很有道理，用比较轻的刑罚处理了牧人。这体现了忽必烈的轻刑和仁恕思想。

南宋灭亡以后，江南某些道观仍然藏有宋朝皇帝画像，有位僧人与道士有矛盾，便将其事报告了朝廷。忽必烈初听其事，以为江南人民仍有造反之心，想处以重刑，但又有些犹豫，特以其事征求石天麟的意见，石天麟说："辽国灭亡以后，辽国皇帝和皇后的铜像在西京一直保存，至今仍然有之，未听说还有这方面的禁令。"忽必烈听了，疑心顿释，对江南道观及人民保留宋朝皇帝画像等事一概不问。

忽必烈对朝廷中的大事和小事慎于用刑，主要基于儒家的仁恕思想，对人具有一定的同情心，就连对一般的老百姓也是这样，遇事处理得都比较宽容。至元二年（1265年），张弘范驻守大名（今河北大名），正值大水，许多村庄房舍皆被淹没，受灾的老百姓无力交纳租税，张弘范遂自作主张，免除了老百姓的租税。有人将其事上奏朝廷，忽必烈欲治其专擅之罪。张弘范请求入见，对忽必烈说："臣以为朝廷储小仓，不若储之大仓。"忽必烈听了这话，不明其意，忙问："为什么这么说？"张弘范回答道："今岁水潦不收，而必责民输，仓库虽实，而民死亡殆尽，明年租将安出？曷若活其民，使不致逃亡，则岁有恒收，非陛下大仓库乎！"忽必烈听了，觉得很有道理，说："知体，其勿问。"忽必烈赞同张弘范擅自免除民税的做法，既体现了他的轻刑思想，也说明忽必烈具有一些爱民、惜民之心。

仁德之心可以获得拥护，只有心怀仁德的人，才能够真正得到人才的辅助。仁德之心能够获得信用，只有心怀仁德，才能够让别人信任的同时，懂得用人。这就是所谓的敬人者，人恒敬之，爱人者，人恒爱之。所以我们在自己的人生道路上，一定要常怀仁德之心。

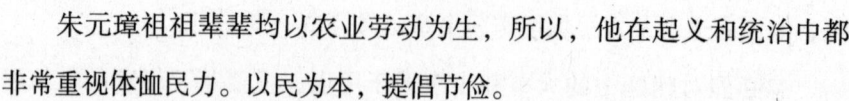

朱元璋："四菜一汤"

朱元璋祖祖辈辈均以农业劳动为生，所以，他在起义和统治中都非常重视体恤民力。以民为本，提倡节俭。

朱元璋青少年时期主要是以农为业，童年时帮人放牛，两度入皇觉寺为僧，特别是临近起义反元的后四年，即当朱元璋20～24岁时，他经常"还旧里，修葺淳皇、太后坟墓，经理穴圹，潜居草野四载，往来濠城"。实际上主要过的不是寺院的消闲日子，而是以务农为主的劳动生涯。

朱元璋当了皇帝后，为了告诫自己的子孙和大臣，曾经不厌其烦地回忆和追述过许多往事，很发人深思。他说："吾昔微时，自谓终身田野间一农民尔。朕本布衣，昔在田里，赖承平之乐。朕本农家，乐生于有元之世。"

由此可见，朱元璋在参加反元起义前是不怕吃苦，以农为乐，安心于农业生产劳动的。吃苦耐劳与自食其力，是劳动人民优良品德的表现，这两个方面的表现是有本质联系的。朱元璋的父亲朱五四一贯主张为人必须坚持"守分植材"，决不能做那种"悖理得财"和贪财害民的事。那么，怎样做才是"守分植材"呢？他认为"守分植材"，就像农民种地一样，勤奋耕耘。即使不丰收，也必然"岁有常利，用之无穷"。朱元璋当了皇帝以后，还时常念念不忘，可见这段家训在处于青少年时期的朱元璋的思想里占有何等重要的地位。

朱元璋还从老百姓的立场出发，感受民生疾苦，体恤民力。

至正十七年（1357年），朱元璋亲征婺州时路经徽州，曾召见当地儒士唐仲实、姚琏二人询问民事得失。唐仲实反映当地守将邓愈役民筑城，百姓颇有怨气。朱元璋立即下令邓愈停工。唐仲实说话间又婉转地反映"民虽得其所归而未遂生息"的情况，意即百姓负担过重，朱元璋当即坦率地承认："此言是也。"并做出解释，说："我积少而费多，取给于民，甚非得已，然皆为军需所用，未尝以一毫奉己……民之劳苦，恒思所以休息之，未尝忘也。"表达了自己的愧意。

因为朱元璋出身贫苦，深切懂得农民遭受灾荒时的痛苦，所以在朱元璋即位后，对受灾和受战争影响的地区比较关心，常常减免租赋和进行赈济。据《明史·太祖本纪》记载，明太祖在位三十一年，曾下诏减免租赋和赈济灾民达30多次。

朱元璋采用了多种方法，从经济上减轻老百姓的负担。

就是在明朝建立之初，朱元璋也仍是从经济上着手医治战争带来的创伤。他曾对外地来京朝见的官吏说："天下初定，老百姓的财力人力都很困乏。这就如刚刚会飞的鸟一样，不可拔它的羽毛，也像刚刚栽种的树一样，不可动摇它的根部。因此，对老百姓，重要的是要让他们休养生息。"

在工商业税制方面，朱元璋则要求"斟酌元制，去其弊政"，切实减轻工商户主的负担。出身贫苦农民家庭的朱元璋，深知广大农民之所以揭竿起义，正是忍受不了被地主阶级霸占土地和财物，所以他们要改变这个"贫者愈贫，富者愈富，纷纭吞噬，乱无宁日"的不平等现象。为此，他实行"给民户由"的政策，支持农民剥夺地主的土地和财产。编造"户籍"，又置"户帖"，记载百姓民户的籍贯、人口、年龄和所从事的行业，相当于现在人们所用的户口簿，这种户帖即为"户由"。"户由"上载明民户的产业和丁粮数目，作为纳税当差的凭证。后来又逐步完善，记载民户包括土地在内的全部产业，具有在法律上承认民户的财产、土地的作用。由此可见，给民户由即是从法律上对民户的一种应得权益的大力支持。从而承认了民户的财产，包括农民所占的地主土地财物和官田的所有权。

为了奖励农桑，朱元璋下令：凡农民有田5亩到10亩以上的，种植面积要按比例递增。在收税上政府规定：每亩麻收8两，棉花征收4两，桑树4年后起征税，不种桑的必须交绢1匹，不种麻和棉的交麻或棉布1匹。在宋元时代，棉花只能在南方的局部地区种植，到了明朝，则普及到全国各地。

元朝统治时期，蒙古族给内地带来了落后的奴隶制残余。明王朝

建立后，一些豪强地主家中仍然拥有众多的奴隶。为了发展生产，朱元璋于洪武五年（1372年）通令全国，凡因战乱被迫当奴隶的，主家必须立即放还；凡因饥荒而典卖为奴隶的男女，由政府赎身，恢复他们的自由。他还在法律上规定：普通地主不许蓄养奴婢，违者杖刑一百。为了把更多的农民固定在土地上，朱元璋积极推行"招抚流亡"政策，号召逃亡农户回乡垦荒，承认垦出的荒地归垦者所有，而且免征三年田赋；对于个别地区额外开垦的荒地规定永不收税。

朱元璋为了达到富国强兵的目的，还加强了对江南根据地的税收征管力度。他对于本辖区丰富的盐、茶等资源派人进行了细致入微的取证调查工作。不仅彻底搞清了盐、茶等物资的具体数目，并且还为这些物资的交易量和交易金额规定了相应的税率。依据史书的记载，可知当时的官吏每年取得到的俸禄都是从这些盐税中抽出来的，可见当时的收入相当可观。

由于采取了上述措施，明初农业生产发展很快。到洪武二十六年（1393年），全国垦田面积达850多万顷，比洪武初年增加了接近4倍。黄淮流域大片荒芜了的土地，重新种上了庄稼，使元末残破的农村又重新呈现出一片繁荣的景象。

开源要抓，节流也要抓。作为穷苦人出身的朱元璋，可以说此时已经算得上是一名优秀的政治家和军事家了。在物质上，他已不缺什么了，但他深知那些钱财和粮食的来之不易，因而在用度上特别注意节俭。

我国古代有许多劝勤的格言和故事，传曰：人生在勤，勤则不匮。书曰：忧劳兴国，逸豫亡身。儒学理想中的圣帝明君流传着一个又一个勤政爱民、勤俭节约的佳话。而历代丧邦亡身之主，则有着更多的骄侈纵恣、荒淫无度的教训。

孔子热烈讴歌大禹是个完美无缺的人，为什么呢？他吃的是"菲饮食"，穿的是"恶衣服"，住的是"卑宫室"，自奉如此菲薄，而却竭尽全身心力修河治水。公而忘私，国而忘家，八年在外，三过家门而不入，孔子贤之。连篇累牍的历史经验教训，尤其是近在眼前的元朝覆亡的悲惨下场，对朱元璋的震动极大。除不断要求下属减少不必要的开支外，朱元璋自己也是以身作则，处处节省。

据说，"四菜一汤"就是由明太祖朱元璋发明的。

一天，适逢马皇后的生日，朱元璋趁众大臣前来贺寿之机，有意摆出粗茶淡饭招待群臣。大臣列席后，只见从第一到第四道菜，分别是炒萝卜、炒韭菜、炒芹菜、炒青菜，最后上的是葱花豆腐汤。朱元璋面对大家诧异的表情，郑重其事地说："列位爱卿，这萝卜是百味药也，可治百病；这韭菜生命力旺盛，象征国家长治久安；这芹菜、青菜寓意为官要清廉、勤于政务、体恤民情；这葱花豆腐汤是奉劝列位，切勿徇私枉法，要一清二白。"宴后，朱元璋宣布：今后众卿请客，最多只能"四菜一汤"，谁若违犯，严惩不贷。

朱元璋称帝的前一年，在南京建宫室时，他把图纸上雕琢考究的部分都砍掉，完工后，叫人在壁上画了许多触目惊心的历史故事作为装饰，目的在于警戒自己。当时有个官员想讨好他，说某处出产一种很好看的石头，可以用来铺设宫殿的地板，被他狠狠地训了一顿。此外，他自己用的车舆器具服饰等，按惯例应用金饰的，他都下令以铜代替。主管的管员说，这并不需费多少金子，朱元璋却说："朕富有四海，岂吝惜这点黄金？但是，所谓节约，非身先之，何以带动别人？而且奢侈的开始，都是由小到大的。"朱元璋不但自己节俭，要求别人也是如此。

有一天，一个宦官穿着新靴在雨中走路，被他骂了一顿。另一个散骑舍人穿着一件极华丽的新衣被他看到后，便问道："这衣服费了多少钱？"舍人说："五百贯。"朱元璋当即训斥说："五百贯是数口之家农夫一年的费用，而你却用它来做衣裳，骄奢如此，实在是太糟糕了。"告诫他今后不能这样奢华。

由于朱元璋的倡导，明初形成了节俭的社会风气，对于社会的稳定和经济的发展起了极大的推动作用。"得民心则昌，失民心则衰。"

君王只有戒淫逸，勤政事，才能深得民心。小到治理一方水土，大到掌管一个国家，没有正确的理论方针和行之有效的办事方法是行不通的。朱元璋无疑是这方面的实干家，他在政治、军事和经济等诸多方面下的一番苦功夫，带来了巨大的收益。

比尔·盖茨：卓越的人才管理

世界上最强大的软件公司里，处处渗透着比尔·盖茨独具特征的领导艺术。

作为全球最成功的公司之一，微软公司在过去的二十多年里为全世界数以亿计的用户提供了无数杰出的软件产品。2005财政年度，微软公司创造了165亿美元利润，在派发330亿美元的股息后，仍然拥有350亿美元的现金储备。微软不断成功的原因那就是人才管理。

微软公司最重要的领导和大师JimAllchin在微软公司负责平台产品研发。当年，比尔·盖茨想请他加入微软的时候，通过朋友多次联系他，JimAllchin都置之不理。后来，经过比尔再三邀请，Jim终于答应来面试。结果，Jim一见到比尔就直接了当地说："微软的软件是世界最烂的，实在不懂比尔请他来做什么。"比尔·盖茨不但不介意，反而对他说："正是因为微软的软件存在各种缺陷，微软才需要你这样的人才。"比尔·盖茨的虚怀若谷感动了JimAllchin，终于把他请到了微软公司。

微软公司今天的价值观主要包括：诚实和守信；公开交流，尊重他人，与他人共同进步；勇于面对重大挑战；对客户、合作伙伴和技术充满激情；信守对客户、投资人、合作伙伴和雇员的承诺，对结果负责；善于自我批评和自我改进、永不自满等。但是最能体现微软公司文化精髓的，还是比尔·盖茨的一句话："每天清晨当你醒来时，都会为技术进步及其为人类生活带来的发展和改进而激动不已。"

微软公司是最自由的、最没有官僚作风的现代化公司。公司放权给每一个人主导自己的工作。公司没有"打卡"的制度，每个人上下班的时间基本上由自己决定。公司支持人人平等，资深人员基本上没有"特权"，依然要自己回电子邮件，自己倒咖啡，自己找停车位，每个人的办公室基本上都一样大。

公司主张施行"开门政策"，也就是说，任何人可以找任何人谈任何话题，当然任何人也都可以发电子邮件给任何人。一次，有一个新的员工开车上班时撞了比尔·盖茨停着的新车。她吓得问老板怎么办，老板说："你发一封电子邮件道歉就是了。"她发出电子邮件后，在一小时之内，比尔不但回信告诉她，别担心，只要没伤到人就好，还对她加入公司表示欢迎。

比尔·盖茨鼓励员工畅所欲言，对公司的发展、存在的问题，甚至上司的缺点，毫无保留地提出批评、建议或提案。他说："如果人人都能提出建议，就说明人人都在关心公司，公司才会有前途。"微软开

领导力

你就是未来最卓越的领导者

发了满意度调查软件，每年至少做一次员工满意度调查，让员工以匿名的方式对公司、领导、老板等各方面作回馈。其中有选择题（例如：我对我的副总裁有信心。以下选一：非常同意、同意、无意见、不同意、非常不同意），也有问答题（例如：你对公司战略有什么建议）。每个经理都会得到多方面的回馈和客观的打分。比尔、史蒂夫、其他高层领导和人事室都会仔细地研究每个组和经理的结果，计划如何改进。

1995年的时候，当比尔·盖茨宣布不涉足Internet领域产品的时候，很多员工提出了反对意见。其中，有几位员工直接发信给比尔说，你这是一个错误的决定。当比尔·盖茨发现有许多他尊敬的人持反对的意见时，又花了更多的时间与这些员工见面，最后写出了《互联网浪潮》这篇文章，承认了自己的过错，扭转了公司的发展方向。同时，他把许多优秀的员工调到Internet部门，并取消或削减了许多产品，以便把资源调入Internet部门。那些批评比尔·盖茨的人不但没有受处分，而且得到重用，今天都成了公司重要部门的领导。

这就是IT业领军人物的管理之道——自由、平等、关爱。

马云：凝聚、自信、执着

马云是我国著名的企业家，阿里巴巴集团主要创始人之一。现任阿里巴巴集团主席和首席执行官，他是《福布斯》杂志创办50多年来成

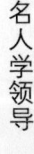

为封面人物的首位大陆企业家，曾获选为未来全球领袖。

马云创业的时候，初期的50万元是18名员工一起凑出来的，9年过去后，这18个人中有做到总裁级的孙彤宇，也有还是经理的麻长炜，但没有任何一个人从阿里巴巴流失。这种非常的凝聚力正是马云的特征之一。有时他会使用极端的管理方式。脑白金战役时，员工们疯狂地工作、疯狂加班，马云经常会在员工加班的时候动不动就发上几千元的奖金。

领导人总体而言有两种类型，一种是孔雀型的，以个人魅力取胜；一种是老虎型的，以发号施令树威。从这种分类来看，马云属孔雀型。

马云是一只骄傲的孔雀，言谈中总能流露出我行我素和不羁。而马云之所以每次都能够那样自信地出言不逊是因为他有预见性的眼光。

有一个很有意思的小故事。阿里巴巴的投资者中有些人曾质疑过阿里巴巴模式，马云在接受采访时说："投钱给我的创投基金，从第一天开始就听不懂我的话，但还是每年投钱进来，现在他们都说：'Jack，我不跟你吵，你去干吧！'我跟公司的COO也是吵了六年了，每年我们打赌一万元看我说出的话能否做到，结果第七年他都不跟我吵，也不再跟我打赌了。"

马云有句话叫做："光脚不怕穿鞋的。"这是那个时候的真实写照，是马云带着那群人光着脚为梦想疯狂了一把，然而这种疯狂也是一个创业领军人的风范所在。

一个领导者的疯狂与执着是可以感染到身边的人的，这好比是一场激情四射的舞蹈秀，让你不自觉地融入到那个节拍。

"无论什么时候看到他，你在他眼中看到的都是自信，和一定能赢的信心。你跟他在一起就充满了活力。"十八罗汉之一的阿里巴巴副总裁戴珊如是说。"在你绝望的时候能让你看到希望，能跟着走。"刘

伟也如此评价。

创业的时候马云强调："现在、立刻马上！"后来虽然还是强调执行能力，但马云也信任自己的员工，只要是在公司价值观的基础上做事，马云不会干涉太多，他懂得尊重内行和每一位普通员工。当一个人的心境宽广了，他的生活状态也会不一样。

他们通过"朋友遍天下"促进事业的发展，马云的快乐与激情也让他的社交能力极强，他和比尔·盖茨是好朋友，这也是一种非常重要的资源。在如诗如画的西湖边共商互联网的发展对策，这就是日后互联网界一年一度的"西湖论剑"。除了这一行业顶级人物的聚会以外，马云又发起了"网商大会"，将各路IT英雄每年聚拢在阿里巴巴的周围。

马云一直是一个顽童似的领导者，在很多宣传海报上、演讲录像上马云的举动异常可爱，白雪公主的优雅、朋克造型的张扬，马云都曾在公众面前上演过，对于一个经历如此挫折的人来说能保持这样的乐观也是一种本领。没有人会拒绝快乐，马云带着一群人在高速发展的时代，在尔虞我诈的商业界，在巨大工作压力的负担下以微笑的表情工作和生活。有一句老歌词很形象："阿里巴巴是个快乐的青年。"

第九章

自我检测，自己能当领导吗

青少年朋友们，你想知道自己是否有领导者的魅力吗？想知道自己今后适不适合做管理方面的工作吗？想知道自己是否具备团队精神吗？那么，就一起动起手中的笔，完成下面的测试题目，很快你就能发现你是不是一位卓越的领导者。

你是一位好领导吗

1. 测试导语

你想检测一下今后能是否当好一名好领导吗？那么就要回答下面的问题，然后根据得分就能知道你想要的答案。不妨可以试一下。

2. 测试开始

（1）在以下三种职业中，你最喜欢哪种？

A. 做某个组织的发言人。

B. 做某个团体的领导人。

C. 做一支军队的指挥官。

（2）你认为领导者授权下级有何好处？

A. 有利于提高员工个人能力。

B. 可以让上级领导集中精力于高层管理。

C. 减轻上级领导的工作负担。

（3）假如你是领导者，当你准备作出一项与下属员工的工作密切相关的决定时，是否征求他们的意见？

A. 是的，我一贯重视员工的意见。

B. 不，我认为管理者有权作决定。

C.不一定，这要取决于我是否有时间。

（4）假如你是古代的一位大将军，给手下的权力会多大？

A.希望他们先斩后奏。

B.每作重要决定时都征求你的意见。

C.自行决定是否要征求你的意见。

（5）你希望下属参与制定工作计划吗？

A.不，因为他们会劝我降低指标的。

B.是的，因为这样才能使他们发挥积极性，真正全心全力地完成
工作。

C.有时候，但重大项目除外。

（6）如果某位部下在完成一项艰巨任务过程中表现出色，你会：

A.立即向他表示祝贺。

B.不加评论，避免他趁机要求加薪。

C.遇到他时顺便表扬几句。

（7）假如你是企业的一名老板，如果某位一向表现很佳的员工突
然业绩下降，你会：

A.尽快找他促膝谈心，找出问题所在。

B.态度强硬地逼他改正。

C.让人事部门去调查原因。

（8）如果你将向全体部下宣布一项重要的新措施，你会：

A.发一份简报，将新措施方案刊载在其中。

B.安排一名助手去向大家解释。

C.召开一次专门会议，向每位下属详细解释新方案。

（9）如果某位部下因未获提升而情绪低落，你会：

A.告诉他那个职位本来就不适合他。

B. 教他改进的方法，以便在下一次提升时脱颖而出。

C. 劝他别伤心，告诉他谁都会有挫折。

（10）如果你对某位下属做出的过激方案不感兴趣，你会：

A. 指出这个方案的缺陷，同时鼓励他重新考虑新方案。

B. 告诉他这个方案不合时宜，成本太高，不能实施。

C. 表示你将认真考虑他的意见，随后丢进档案柜不再理会。

3. 评析标准

答案：

（1）A—0分　B—10分　C—5分（2）A—0分　B—5分　C—10分

（3）A—10分　B—0分　C—5分（4）A—5分　B—0分　C—10分

（5）A—0分　B—10分　C—5分（6）A—0分　B—10分　C—5分

（7）A—0分　B—10分　C—5分（8）A—0分　B—5分　C—10分

（9）A—0分　B—10分　C—5分（10）A—10分　B—5分　C—0分

4. 心理透析

80—100分

今后你会是一位出色的领导，你善于调动员工的积极性，善于适当地授权下级，使公司运行具有较高效率，也使你的公司具有较强的竞争力。

55—75分

你能正确认识经营管理者的职责，不过还不够大胆，不能充分信任员工，你还需学习和训练。

25—50分

你过于保守，束缚着下属的发展。你不仅需要参加各种培训和学习本书的各类方法，还应增加自信以及对别人的信心。

0—20分

你根本不适合做经营管理工作，你很难是一名领导者。

你是一位好的管理者吗

1. 测试导语

根据自己的实际情况回答下面的问题，按照下面的评价标准检测自己是不是今后能做好管理这项工作。

2. 测试开始

（1）习惯于行动之前制定计划。

（2）经常处于效率上的考虑而更改计划。

（3）能经常收集他人的各种反映。

（4）实现目标是解决问题的继续。

（5）临睡前思考筹划明天要做的事情。

（6）事务上的联系常常是一丝不苟。

（7）有经常记录自己行动的习惯。

（8）能严格制约自己的行动。

（9）无论何时何地都能有目的的行动。

（10）能经常思考对策，扫除实现目标中的障碍。

（11）能每天检查自己当天的学习效率。

（12）经常严格查对预定目标和实际成绩。

（13）对做一件事情的成果非常敏感。

（14）今天预先安排的学习任务决不拖延到明天。

（15）习惯于在掌握有关信息的基础上制定目标和计划。

3. 评析标准

以上15道题根据你的实际情况，表示肯定的计1分，表示否定的计0分。

4. 心灵分析

0~5分：管理能力很差。但你具有很高的艺术创造力，适合从事与艺术有关的具体工作。

6~9分：管理能力较差。这可能与你言行自由，不服约束有关。

10~12分：管理能力一般。你在专业方面的事务性管理尚可，管理方法经常受到情绪的干扰是最大的遗憾。

13~14分：管理能力较强。能稳重、扎实地做好工作，很少出现意外或有损组织发展的失误。

15分：管理能力很强。擅长有计划地工作和学习，尤其适合管理大型组织。

你就是未来最卓越的领导者

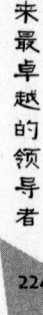

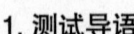

你善于调动部下积极性吗

1. 测试导语

能否调动部下的积极性是衡量管理者能力的重要尺度之一。本测试题由一系列源于实际工作的问题组成，解决问题的方式也多种多样，都无绝对的正确与错误之分。青少年朋友们现在假如你就是一位组织的管理者，来测试一下自己有没有调动部下积极性的能力。

2. 测试开始

你可以选出自己喜欢的方式，同时亦可参考其他可行之道。

（1）你喜欢采取什么方式与部下交流？

A. 尽量与有关个人直接谈，减少会议数量。

B. 定期召开部门会议。

C. 根据谈话内容，确定单独面谈或召开会议。

（2）假如由于某位部下的失误，使你陷入难堪的局面，你：

A. 严厉斥责当事人并警告他再发生类似事件的严重后果。

B. 态度温和地与当事人共同探讨，并注意不挫伤他的自信心和自尊心。

C. 从积极的角度分析问题，制定预防重蹈覆辙的措施。

（3）一位最受你器重的部下突然辞职，加入了你们的竞争对手公司，你：

A. 对他的背叛行为深表失望。

B. 祝他在新的工作岗位上获得成功发展，并保证为他写一份有利于他的推荐信。

C. 接受他的辞呈并检查他临行前的交接工作是否圆满。

（4）你如果与某位将调来与你合作的同事深恶痛绝，你：

A. 直接或间接地表示出自己对他的态度。

B. 把这件事当作一次挑战，试着与他交朋友。

C. 只与他保持纯粹的"工作"关系。

（5）当你准备进行内部大改组，尝试新的经营策略时，你：

A. 从部门的整体利益出发考虑问题。

B. 从员工的利益出发考虑问题。

C. 综合以上二者的利益。

（6）你喜欢让员工参与制订新的经营策略吗？

A. 把决策看作自己的个人责任，不希望员工参与。

B. 完全彻底地尊重员工意见，通过民意测验来决策。

C. 逐个征求员工意见，再作决定。

（7）假设新策略不仅制定出来了，而且获得实施，你是否：

A. 亲自抓实施工作，例如发布指示、检查工作进度及纠正偏差？

B. 把注意力集中在保持士气上，及时解决员工的后顾之忧？

C. 确保员工对新策略融会贯通，放手让他们大胆干？

（8）你在评价员工的表现时，最重视以下哪些因素？

A. 他们取得的成果。

B. 他们与形形色色的人合作的能力。

C. 他们与同事合作的能力。

（9）如果你的部门承担了一项重大项目，需要投入大量人力、物力和精力，那么在分配工作时，你是否：

A. 完全凭着自己对每个人的经验、能力的印象分配？

B. 与部下展开民主讨论，形成一个人人满意的分配方

C. 充分衡量这个项目对于个人发展的意义，使每个人都能得到积累经验、开扩眼界的机会？

（10）在挑选高级行政人员时，你认为最重视的是：

A. 他担当这份工作的能力？

B. 他将从这份工作中得到的乐趣？

C. 他继续发展的潜力？

领导力

你就是未来最卓越的领导者

3. 评析标准

根据自己的感觉来选择问题，把答案记下来，然后看看下面的分析。

4. 心理透析

你选择的如果A占多数，那么你便是一位争强好胜、性格武断的人，凡事都喜欢身体力行。你毫无个人兴趣可言，你认为工作第一重要，是个十足的工作狂。假如今后你能成为一名领导者，对部下高标准、严要求，不容忍一丝一毫的松懈散漫，是你的管理准则。你相信"管理者就要管理"，不愿意征求部下的意见。觉得人多意见杂，影响决策效率。你的工作作风与永不疲乏的干劲让手下人害怕。

你选择的如果B占多数，那么你便是一位很有人情味的经营者。你成功的法宝是相信集体的力量并很好地利用集体的力量。你能认清人际关系的重要性，提倡集思广益，群策群力，把自己看作部下的指导教练，而不是命令发布员。你考虑部下的个人意愿过多，有时甚至忽视工作，这对你继续提升可能有影响。部下们都喜欢你，但并不真正尊重你，他们甚至也希望你再果断些。

你选择的如果C占多数，那么你便是一位重实效、讲效益的经营者。你讲究实际，只重视优点与成果，"黑猫、白猫，逮住耗子的猫就是好猫"；你一切判断都凭经验与理智，轻视"虚无缥缈"的人类行为学说与管理理论；你做事果断，同时善于合作，这是你最强的优势。从高层管理者的角度看，你成熟、能干、有潜力，只是应变能力与战略眼光尚有待考查。

我们写下以上各种测试，不外乎让大家通过测试，正确认识自己。建议大家正确的采用我们提供的方法，从而调动部下的工作积极性，让部下在工作时充满活力和干劲。这也是你作为一个管理者逐步走向成熟的表现。

你懂得如何选拔人才吗

1. 测试导语

青少年朋友们，让我们做一个换位思考者，假如自己现在就是一位企业的董事长，面对一帮刚毕业的大学生应聘，发挥自己的想象，回答下面的问题。这些结果不但能检测你今后是否能当好领导，还能看出你是不是一位善用人才的领导。你所发挥的这些想象对你今后的面试也有一定的好处。

2. 测试开始

假如你要面试一名高级主管候选人，下列测试题可检验你的面试技巧。

（1）你认为成功的面试需要具备什么条件，即要挑选到优秀人才的基本条件是什么？

A. 面试者态度和蔼。

B. 界定应试者工作范围，即对应试者将承担何种工作有明确的认识。

C. 优雅、舒适的会见环境。

（2）阅完应试者的有关资料（履历表、申请表等），你：

A. 随便问些问题。

B. 准备一些从应试者资料上得到的，并且你希望知道得更详细的问题，如目前的工作，个人兴趣等。

C. 根据以往经验，准备几个难度大的问题测试。

（3）应试者在会见室就座后，你会怎样开始提问？

A. 直接问他的姓名、地址后，直接开门见山地问他应试的原因。

B. 首先与他谈一下天气或昨天的球赛，以消除他的紧张情绪。

C. 询问他目前的工作及有何爱好等。

（4）你认为面试中你和应试者发言的比例应该如何？

A. 应该是由面试者控制交谈方向，面试者问，应试者答。

B. 除了询问与回答外，还应留下一部分时间，其中一半时间用于面试者介绍公司及其它状况，另一半时间让应试者自由发言。

C. 最好是让应试者有六成发言机会，面试者只占四成。

（5）鉴于应试者一旦被录取，他将负起管理几位员工的责任，因而你想了解他有无"人事管理"的能力。你会：

A. 请他回答一些"是"与"否"的问题。

B. 采取诱导的方法，问一些比如"你认为……"或"你怎样……"之类的问题。

C. 提出自己的观点，请他加以评论。

（6）当应试者对某个问题的看法与你截然不同时，你会：

A. 不露声色，但在心里已经确定不聘用他了。

B. 明确表示自己的反对态度。

C. 不妄加评论，再提一个补充问题。

（7）当应试者问起这份工作的前途时，你怎么回答？

A. 含含糊糊地说："现在考虑这个问题为时尚早，还是立足于眼前的工作吧！"

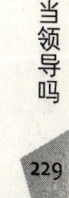

B. 向他描述公司对员工的提拔政策，与他共同探讨如何争取机遇。

C. 告诉他"天高任鸟飞"。

（8）全部提问结束后，面试的最后步骤是什么？

A. 询问他是否有不清楚的地方，或者再补充说明些遗漏的情况。

B. 问他一旦录用，是否接受这份工作。

C. 感谢他前来面试，祝他一路顺风。

（9）你认为成功的面试者应怎么做？

A. 占用一大半时间来表现自己丰富的经验和广博的知识，从而吸引勤奋好学者。

B. 把大部讲话机会让给应试者，自己只是及时提出启发性的问题。

C. 按照事先预备好的问题提问，并大略记录下应试者的回答。

（10）你如何看待应试者的第一印象？

A. 第一印象差的应试者，其内涵一般不会好到哪儿去。

B. 第一印象较好的应试者，我会细心聆听对方的话。

C. 将以中立的态度来面试人选，不以第一印象作判断的主要依据。

3. 评析标准

根据自己的感觉回答上述的问题，然后选择答案。看看哪个答案选的比较多，然后对照下面的分析。

4. 心理分析

A. 你是一位很随意的领导者，在用人方面你不那么重视，你只希望得到这个人，而不去关心他，你没有达到到"得民心者得天下"的境界。

B. 你很有责任心，有关心部下的爱心，在用人方面做得很理智，今后你会有很多追随你的人。

领导力

你就是未来最卓越的领导者

C. 你只希望得到贤才，在用人方面你不能做到为你所用，或者很少有一帮追随者，你应该改改这种自傲的领导方法。

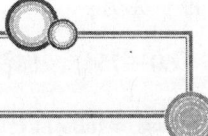

你有组织能力吗

组织能力直接影响到管理者的工作效率。组织能力差的人既得不到上司的赏识，也得不到下属的尊敬。管理别人者首先必先管理自己，请思考下列问题，回答"是"或"不"。

1. 你能正确区分各种事情的轻重缓急吗？（   ）

2. 你能在收到函电当日即处理吗？（   ）

3. 你知道自己一天中什么时间效率最高，从而将最重要的事情安排在这个时间处理吗？（   ）

4. 你能保持桌面整洁，不乱放文件吗？（   ）

5. 你是否每天在固定的时间与外界进行电话联络？（   ）

6. 你每天上班时即有清晰的全天工作安排吗？（   ）

7. 你有将重要事情写在记事薄上的习惯吗？（   ）

8. 你有加速处理日常工作的小窍门吗？（   ）

9. 你如果有急事外出，记得给秘书留下联络电话吗？（   ）

10. 你召开重要会议时，吩咐秘书切断电话吗？（   ）

11. 你有一套严谨的归档方法吗？（   ）

12. 你能充分利用日记本来记录日期、时间、地点、人名及电话号码吗？（　）

13. 你在打电话之前，是否先将谈话要点写出来？（　）

14. 你每天在固定的时间处理函电吗？（　）

15. 你知道自己办公桌每个抽屉里装着什么吗？（　）

测试结果测试结果测试结果测试结果回答"是"得5分，回答"否"无分。

60—75分：你深深懂得良好的工作习惯可以节省时间、提高效率，是一位组织能力极强的经营管理者。

35—55分：你的粗心大意虽不致于招灾引祸，但仍然害人害己。严谨的工作作风才是成功的保证。

30分或以下：你由于工作作风涣散而浪费了大量宝贵时间，也失去了大家的尊敬，如此下去实在危险。

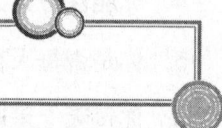

你有谈判能力吗

1. 测试导语

一个优秀的领导者，同样也是一个谈判高手，回答下面的问题根据测试结果看看自己是不是一位谈判高手。

2. 测试开始

（1）在你眼中的商务谈判是怎样的？

A. 是一种意志的较量，谈判对方一定有输有赢。

B. 是一种立场的坚持，谁坚持到底，谁就获利多。

C. 是一种得妥协的过程，双方各让一步一定会海阔天空。

D. 双方的关系重于利益，只要双方关系友好必然带来理想的谈判结果。

E. 是双方妥协和利益得到实现的过程，以客观标准达成协议可得到双赢结果。

（2）假如签订合同前，谈判代表说合作条件很苛刻，按此条件自己无权做主，还要通过上司批准。此时你应该？

A. 说对方谈判代表没有权做主就应该早声明，以免浪费这么多时间。

B. 询问对方上司批准合同的可能性，在最后决策者拍板前要留有让步余地。

C. 提出要见决策者，重新安排谈判。

D. 与对方谈判代表先签订合作意向书，取得初步的谈判成果。

E. 进一步给出让步，以达到对方谈判代表有权做主的条件。

（3）假如对方提出一些假设性的需求或问题，目的在于摸清底牌。此时你应该？

A. 按照对方假设性的需求和问题诚实回答。

B. 对于各种假设性的需求和问题不予理会。

C. 指出对方的需求和问题不真实。

D. 了解对方的真实需求和问题，有针对性地给予同样假设性答复。

E. 窥视对方真正的需求和兴趣，不要给予清晰的答案，并可将计就计促成交易。

（4）假如谈判对方提出几家竞争对手的情况，向你施压，说你的价格太高，要求你给出更多的让步，你应该？

A. 谈判更多地了解竞争状况，坚持原有的合作条件，不要轻易做出让步。

B. 强调自己的价格是最合理的。

C. 为了争取合作，以对方提出竞争对手最优惠的价格条件成交。

D. 问：既然竞争对手的价格如此优惠，你为什么不与他们合作？

E. 提出竞争事实，说对方提出的竞争对手情况不真实。

（5）当对方提出如果这次谈判你能给予优惠条件，保证下次给你更大的生意，此时你应该？

A. 按对方的合作要求给予适当的优惠条件。

B. 为了双方的长期合作，得到未来更大的生意，按照对方要求的优惠条件成交。

C. 了解买主的性格，不要以"未来的承诺"来牺牲"现在的利益"，可以其人之道还治其人之身。

D. 要求对方将下次生意的具体情况进行说明，以确定是否给予对方优惠条件。

E. 坚持原有的合作条件，对对方所提出的下次合作不予理会。

（6）假如谈判对方有诚意购买你整体方案的产品（服务）但苦于财力不足，不能完整成交。此时你应该？

A. 要对方购买部分产品（服务），成交多少算多少。

B. 指出如果不能购买整体方案，就以后再谈。

C. 要求对方借钱购买整体方案。

D. 如果有可能，协助贷款，或改变整体方案。改变方案时要注意相应条件的调整。

E. 先把整体方案的产品（服务）卖给对方，对方有多少钱先给多少钱，所欠之钱以后再说。

（7）假如对方在打成协议前，将许多附加条件依次提出，要求得到你更大的让步，你应该？

A. 强调你已经做出的让步，强调"双赢"，尽快促成交易。

B. 对对方提出的附加条件不予考虑，坚持原有的合作条件。

C. 针锋相对，对对方提出的附加条件提出相应的附加条件。

D. 不与这种"得寸进尺"的谈判对手合作。

E. 运用推销证明的方法，将已有的合作伙伴情况介绍给对方。

（8）在谈判过程中，对方总是改变自己的方案、观点、条件，使谈判无休无止的拖下去。你认为该怎么办？

A. 以其人之道还治其人之身，用同样的方法与对方周旋。

B. 设法弄清楚对方的期限要求，提出己方的最后期限。

C. 节省自己的时间和精力，不与这种对象合作。

D. 采用休会策略，等对方真正有需求时再和对方谈判。

E. 采用"价格陷阱"策略，说明如果现在不成交，以后将会涨价。

（9）在谈判中双方因某一个问题陷入僵局，有可能是过分坚持立场之故。此时你认为该怎样？

A. 跳出僵局，用让步的方法满足对方的条件。

B. 放弃立场，强调双方的共同利益。

C. 坚持立场，要想获得更多的利益就要坚持原有谈判条件不变。

D. 采用先体会的方法，会后转换思考角度，并提出多种选择等策略以消除僵局。

E. 采用更换谈判人员的方法，重新开始谈判。

（10）除非满足对方的条件，否则对方将转向其它的合作伙伴，并与你断绝一切生意往来，此时你认为该怎样？

A. 从立场中脱离出来，强调共同的利益，要求平等机会，不要被威胁吓倒而做出不情愿的让步。

B. 以牙还牙，不合作拉倒，去寻找新的合作伙伴。

C. 给出供选择的多种方案以达到合作的目的。

D. 摆事实，讲道理，同时也给出合作的目的。

E. 通过有影响力的第三者进行调停，赢得合理的条件。

3. 评析标准

以下是答案，请务必记录好以上10道题的答案。

1、A—2分　　B—3分　　C—7分　　D—6分　　E—10分

2、A—2分　　B—10分　　C—7分　　D—6分　　E—5分

3、A—4分　　B—3分　　C—6分　　D—7分　　E—10分

4、A—10分　　B—6分　　C—5分　　D—2分　　E—8分

5、A—4分　　B—2分　　C—10分　　D—6分　　E—5分

6、A—6分　　B—2分　　C—6分　　D—10分　　E—3分

7、A—10分　　B—4分　　C—8分　　D—2分　　E—7分

8、A—4分　　B—10分　　C—3分　　D—6分　　E—7分

9、A—4分　　B—6分　　C—2分　　D—10分　　E—7分

10、A—10分　　B—2分　　C—6分　　D—6分　　E—7分

4. 心理透析

如果您得了：

95以上：谈判专家

90—95：谈判高手

80—90：有一定的谈判能力

70—80：具有一定的潜质

领导力

你就是未来最卓越的领导者

236

70以下：谈判能力不合格，需要继续努力

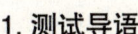

你有责任心吗

1. 测试导语

一个胆小畏缩的人要能做成领袖人物，几乎是不可能的。领袖大多遇事敢于挺身而出。所以让我们来测试一下你是不是敢作敢为，拥有责任心。

2. 测试开始

（1）假如今后有个人在你前面插队，你会怎么样？

A. 大声批评他，直到他放弃。

B. 说："对不起，是我先来的。"

C. 默不作声。

（2）如果你在学食堂得到很不好的服务，你会：

A. 给校长写信，详细说明你的不满。

B. 向服务人员大吵大嚷。

C. 向身边的同学诉说，但是不向工作人员反映。

（3）你把东西送去修理，但是当你把它拿回家时发现毛病没有修好。你会：

A. 向维修部打电话说明问题。

B. 试着自己修理。

C. 愤怒地回到修理部要求见经理。

（4）如果你在书店看书时发现某人的书剽窃了你的作品。你会：

A. 置之不理，认为这有可能是巧合。

B. 向律师咨询。

C. 与作者联系要一个说法。

（5）你想在拥挤的商店里引起注意，但是没人理睬。你会：

A. 厌烦地挤出去。

B. 耐心等待，直到得到服务。

C. 大声叫嚷，直到有人注意到你。

（6）假如今后你参加工作面试。你会：

A. 充满信心地说明为什么你是最适合这个工作的人选。

B. 说明你的资格，希望得到最好的结果。

C. 看着室内其他等候的人，心想不来就好了。

（7）你同学被别欺负了，你会：

A. 告诉他不要放在心上，一切都会过去的。

B. 打抱不平。

C. 告诉你的同学勇敢面对。

（8）你的邻居经常在夜里大声播放音乐。你会：

A. 叫警察。

B. 过去抱怨。

C. 提高你的隔音效果。

（9）你的晋升受到了忽视。你会：

A. 辞职。

B. 向老板抱怨你应得到更好的待遇。

C. 努力工作争取下次得到比较好的结果。

（10）假如今后在职场上你需要加工资，你会：

A. 直接找老板谈。

B. 做额外的工作，希望有人注意到。

C. 在生活中精打细算。

（11）假如今后在职场上你感觉老板不赏识你对公司作出的贡献。

你会：

A. 向你的同事抱怨并希望他能听到。

B. 要求做一次员工评议。

C. 另找一份工作。

（12）在一次班会上，你发现你与演讲者的观点完全不同。你会：

A. 保持沉默。

B. 向邻座的同学低声发表你的反对意见。

C. 站起来提出尖锐的问题。

（13）你不赞成的宗教派别的成员来到你家门口。你会：

A. 告诉他们离开。

B. 邀请他们进来，向他们详细阐述你的观点。

C. 捐点钱把他们打发走。

（14）某人来你家要求捐助。你已经捐过几次钱，实在拿不起了。

你会：

A. 向他说对不起，你现在没有钱。

B. 向他坦白地说明你认为你已经捐得够多的了。

C. 不开门，让他们以为你不在家。

（15）一个同学让你谈谈对她／他刚买的衣服的看法。你会：

A. 坦率地说这些衣服不好。

B. 换一个话题。

C. 冷淡地表示赞许，希望对方得到暗示。

（16）一位政界候选人来到你家，希望你在选举的时候支持他。

你会：

A. 坦率地告诉他你不会选他。

B. 告诉他你会选他（你对所有其他候选人都说过这话）。

C. 与他讨论各种问题，说以后再作出决定。

（17）朋友邀请你一起去看你觉得可能没意思的演出。你会：

A. 不管怎样还是去了，并努力使自己感兴趣。

B. 指出这没什么意思并建议干点别的。

C. 在最后一分钟打电话说你病了。

（18）一个你喜欢的人发表了与你不同的观点。你会：

A. 保持沉默，不想破坏你们之间的关系。

B. 激烈地发表你自己的观点，希望真诚会赢得赞许。

C. 温和地反对，但在真正争论前就放弃了。

（19）明确阐述你的观点比受欢迎更重要吗？

A. 是。

B. 不是。

C. 不清楚。

（20）你会仅仅为了保持和气而对你感觉强烈的问题保持沉默吗？

A. 很有可能。

B. 肯定不会。

C. 可能。

240

（21）假如今后你的岳母周末来到你家，抱怨你家里的一切。你会：

A. 告诉她不喜欢可以马上回家。

B. 不去理睬，反正她星期一就会走的。

C. 平静地指出你的生活方式很适合你。

（22）在观看体育比赛的时候，你发现周围是对方的支持者。你会：

A. 非常安静并把你们队的旗藏起来。

B. 为你们队大声欢呼。

C. 嘲笑对方的支持者是反对派。

（23）酒吧里有一个身材魁梧的酒鬼在发表令人讨厌的种族主义言论。你会：

A. 在麻烦开始前离开酒吧。

B. 针对这个问题展开讨论。

C. 大声对他说，他是一个顽固不化的人。

（24）你看见一个警官非法停车去干洗店取衣服。你会：

A. 走到他面前批评他。

B. 视而不见，你不想惹警察的麻烦。

C. 给他的上级写信正式提出批评。

3. 评析标准

回答上述问题，选择对应的答案记分。

答　案：

	1	2	3
1	c	b	a
2	c	b	a
3	b	a	c
4	a	b	c
5	a	b	c
6	c	b	a

7　a　c　b

8　c　a　b

9　a　c　b

10　c　b　a

11　c　a　b

12　a　b　c

13　c　a　b

14　c　a　b

15　b　c　a

16　b　c　a

17　c　a　b

18　a　c　b

19　b　c　a

20　a　c　b

21　b　c　a

22　a　c　b

23　a　b　c

24　b　c　a

分数评析

最高分为75分。

4. 心理透析

70-75分

是的，你非常敢作敢为，有很强的责任心。

65-74分

你相当敢作敢为，让人听到你的观点通常不会有麻烦。然而，要

想成为一个天才的领袖人物，你还应该更加强劲。进入天才的行列是不易的，你应该尽最大可能做到敢作敢为。

45–64分

你是一个大好人。要么强硬起来，要么忘掉天才的梦想。没有人会认真地对待你，但是缺乏责任心。

44分以下

你责任心很不强，不能敢做敢为。

你有团队精神吗

1. 测试导语

团队精神对于青少未来发展来说是非常重要的，今后要想做为一个好的领导者或组织者，团队精神是必不可少的，下面这些问题就能测试一个人是否具有团队精神。

测评量表从五个测评要素来考察青少年的团队精神，分别是沟通意识、责任意识、服务意识、协作意识和大局意识。

2. 测试开始

（1）沟通意识：

回忆一下，同学曾经有误解你的意思吗？

A. 没有　　B. 偶尔　　C. 经常

与别人谈话时你经常离开话题的本意而跳到别的话题上吗?

A.没有　　B.偶尔　　C.经常

有人曾让你进一步确认你要表达的意思吗?

A.没有　　B.偶尔　　C.经常

谈话结束时,你是否询问别人明白了你的意思?

A.没有　　B.偶尔　　C.经常

你总是尽量避免与他人面对面交流吗?

A.没有　　B.偶尔　　C.经常

（2）责任意识:

你经常把事情拖到非做不可的时候再去做吗?

A.经常　　B.偶尔　　C.很少

你是否常常有丢三落四的毛病?

A.是的　　B.偶尔　　C.很少

你是否认为值得做的事就一定要做好?

A.是的　　B.看是什么事　　C.不是

在学习中,你是否有时粗心大意?

A.经常　　B.偶尔　　C.很少

同学约你,你能准时赴约吗?

A.经常可以　　B.偶尔不能　　C.很少可以

（3）服务意识:

走在大街上,有陌生人向你问路,你总是不厌其烦地给他讲清楚。

A.经常　　B.偶尔　　C.很少

只要家里来了客人,你总能主动为客人沏茶倒水,与客人亲切交谈,让客人舒心。

A.经常　　B.偶尔　　C.很少

领导力

你就是未来最卓越的领导者

你经常称赞和夸奖别人吗?

A. 经常　　　B. 偶尔　　　C. 很少

如果有人请你帮忙,而你却实在无能为力,你内心会感到愧疚吗?

A. 经常　　　B. 偶尔　　　C. 很少

和朋友们在一起时,你总是主动关心每一个人的冷暖和心情。

A. 经常　　　B. 偶尔　　　C. 很少

(4)协作意识:

能够转换角色站在他人的立场来看问题?

A. 经常　　　B. 偶尔　　　C. 很少

能很好地参与团队问题的分析与讨论?

A. 经常　　　B. 偶尔　　　C. 很少

尊重周围同学的想法、建议?

A. 经常　　　B. 偶尔　　　C. 很少

同学碰到困难时自己很乐意去帮忙?

A. 经常　　　B. 偶尔　　　C. 很少

本着"三人行,必有我师"的态度,愿意谦虚向别人请教?

A. 经常　　　B. 偶尔　　　C. 很少

(5)大局意识:

在学校举行一些活动或者比赛中,你是否为了表现自己而做得很突出?

A. 没有　　　B. 偶尔　　　C. 经常

当个人利益和团队利益发生冲突的时候,你会怎么办?

A. 大家一起来商量一下,交换一下看法

B. 少数服从多数

C. 坚持自己的看法

如果你和其中一个或者几个成员的意见发生冲突的时候，你会怎么办？

A. 团队利益重要

B. 看当时的情况

C. 个人利益重要

在一些团队安排中，分配到你不喜欢的组员，你会怎么做？

A. 服从组织安排

B. 提出自己的想法，尽量协商

C. 如果无法协商，就不参加团队活动

你是否经常参加团体性活动？

A. 是

B. 偶尔

C. 基本不参加

3. 评析标准

选A得3分，选B得2分，选C得1分，例如，沟通意识：把总得分乘以相应的系数，然后把所有的意识得分相加。

测评指标	权重系数	得分	总分	最后得分
沟通意识	10%			
责任意识	10%			
服务意识	20%			
协作意识	30%			
大局意识	30%			

4. 心理透析

12~15分表示你是个团队意识很强的人，能够一切以大局为重，在团队中应该是个具有影响力的人。

8~11分表示你对团队精神不是十分重视，团队意识模棱两可，偶

尔能够成为团队一员，偶尔游离于团队。

5~7分表示你必须好好检视一下自己对于团队合作的基本态度。

你是一个很包容的人吗

1. 测试导语

一个具有领导力的人，往往都能够包容别人，只有度量大才能在今后做一个好的领导者。有包容力的人能接受不一样的意见（见解、道德观、习惯、肤色、年龄、生活方式等）。人往往以自我为中心，所以很难接受其他不同的看法。但实际上，规范和社会生活规则都是相对的。当初许多颇具价值的准则，今天看来已经毫无意义。因此，任何规则都不应成为接受他人的阻碍。

包容力和自信心有密不可分的关系。自私又对自己没有信心的人，一遇到和自己意见分歧的人，就有威胁感，所以失去包容心。下面的问题可以测查你是否具有包容心。

2. 测试开始

（1）有些上岁数的人喜欢大惊小怪或瞎操心，你对此的反应是：

A. 耐心地听；B. 心烦；C. 不一定。

（2）如果在朋友聚会时，自己的言论被某人强烈抨击，你会：

A. 感到很愤怒，与他争执；B. 觉得他也不无道理；C. 不把这事放在心上，设法转移话题。

（3）假如，今后你会同意自己的子女同外国人结婚吗？

A.会的；B.不会；C.未经仔细考虑某些具体问题之前，是不会的。

（4）你最赞成下列哪种说法？

A.如果对犯罪行为惩办得更严厉一些，犯罪行为就会减少；B.社会的状况好一些，相应的犯罪就会少一些；C.我认为了解犯罪者的心理最重要。

（5）当你的朋友做出你极不赞成的事时：

A.你会跟他来往；B.你会把你的感受告诉他，但仍然和他保持友谊；C.你会告诫自己此事与自己无关，同他的关系依然。

（6）你多数同学在性格上：

A.都和你很相像；B.与你不同，并且他们之间也彼此不同；C.与你大体相同。

（7）在外面玩的小孩子害你不能集中精力学习时：

A.你会和他们一块玩；B.你对他们发脾气；C.你会感到心烦。

（8）你对那些同你观点不同的刊物：

A.从来不看；B.如果碰到的话也可看看；C.看，而且还有特别的兴趣。

3. 评析标准

回答上面的问题，按照下面的分数记分，比如，第一题，选A记0分，选B记4分，选C记2分。然后根据分数对照下面的分析结果。

参考答案：1、A0、B4、C2。2、A4、B0、C2；3、A0、B4、C2；4、A4、B2、C0；5、A4、B0、C0；6、A4、B0、C2；7、A0、B4、C2；8、A4、B2、C0；

领导力

你就是未来最卓越的领导者

4. 心理透析

8分以下：在生活中，你对他人是非常宽容的，如果别人犯错误了，你不会一再责难，而是在考虑别人的情况和立场之下，来理解别人。同时，当别人与自己的观点不同的时候，你也不会生气，而是接受，所以你受到所有人的欢迎，并且朋友圈子很广。

9—24分：你具备一定的包容力，对于与自己不同的意见基本上能够接受，同时对于新潮流、新思想也能理解。当事态的发展与自己所想的背道而驰时，你可能对其保留怀疑，并且设法找出其中的缘由，但有一点你需要注意，那就是在很多情况下不要过分坚持己见，这样会阻碍事情的发展。凡事都要"三思后行"。

25分以上：在日常生活中，你是一个缺乏包容的人。当别人与自己的观点不同时，你会横加排斥，想尽办法让别人同意自己。因此，在别人眼中，你是一个专横霸道、固执己见的人，而你也会感觉与他人相处特别困难。如果你稍微做出改变，就会发现很多人都可以成为你的好朋友。